체육
2
노력
11
명절
19
KB064503
문화
43
회의
51
산업
59
무역
67
성공
75
공부
83
실망
91
위생
99
애국
107
신문
115
가구
123

차례

몸 체 體	기를 육 育	하늬는 한 달 전부터 체육(體育) 대회가 열리기만을 손꼽아 기다려 왔다.
骨부 13획	肉(月)부 4획	physical education[피지컬 에주케이션] 체육

- 체조(體操): 체조 경기의 준말. 맨손 또는 용구를 이용하여 회전 · 지지 · 도약 등의 기량을 겨룸.
- 육성(育成): 길러 자라게 하는 것.
- 발육(發育): (생물체가) 발달하여 크게 자라는 것.

줄여서 쓰기도 하는 한자

體는 너무 복잡하므로 줄여서 体로 쓰기도 합니다.

體	體	體	育	育	育

옮길 운	움직일 동
運	動
⻌부 9획	力부 9획

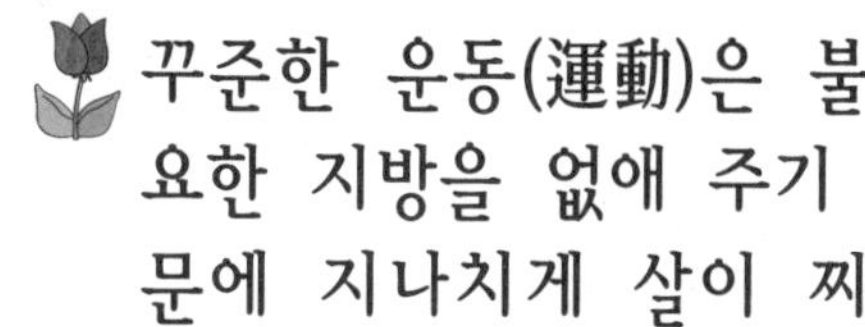

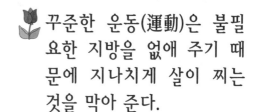

꾸준한 운동(運動)은 불필요한 지방을 없애 주기 때문에 지나치게 살이 찌는 것을 막아 준다.

sports[스포오츠] 운동

- 운전(運轉): 자동차 · 열차 따위를 나아가게 하거나 멈추게 다루는 것.
- 행운(幸運): 행복한 운수.
- 동기(動機): 어떤 일을 하게 된 이유.
- 자동(自動): 사람이 일일이 다루지 않아도 어떤 조건에서 저절로 움직이거나 작동하는 상태.

헷갈리기 쉬운 한자

運(옮길 운) ≒ 連(이을 련)

運	運	運	動	動	動

굳셀 건

健

人(亻)부 9획

편안할 강

康

广부 8획

건강(健康)한 신체 속에 건전한 정신이 깃들인다.

health[헬쓰] 건강

◆건투(健鬪): 어려움에 굴하지 않고 꿋꿋하게 잘 싸우는 것.

◆보건(保健): 건강을 지키고 유지하는 일.

◆강녕(康寧): 건강하고 마음이 편함.

◆만강(萬康): (웃어른의 신상이) 아주 평안함.

헷갈리기 쉬운 한자

健(굳셀 건) ≒ 建(세울 건)

丿 亻 亻⺊ 亻⺕ 亻⺕ 亻⺕ 亻⺕ 俥 倢 健			丶 亠 广 户 户 庐 庐 庐 庐 康		
健	健	健	康	康	康

이길 **승**

勝

力부 10획

이로울 **리**

利

刀(刂)부 5획

이번 우리 학교 축구부의 승리(勝利)는 지난 겨울 방학 동안 잠을 잊고 연습한 훈련 덕분이다.

victory[빅터리] 승리

- 승부(勝負): 경기나 경쟁 등에서 이기고 지는 것.
- 필승(必勝): 반드시 이김.
- 이윤(利潤): 장사하여 남은 돈.
- 유리(有利): 상황이 좋아서 도움이 될 가능성이 높은 상태.

뜻이 상대되는 한자

勝(이길 승) ↔ 敗(패할 패)

丿 刀 月 月' 月'' 胖 胖 胖 胖 勝			一 二 千 禾 禾 和 利		
勝	勝	勝	利	利	利

시험할 **시**	합할 **합**
試	
言부 6획	口부 3획

아무리 잘하는 선수들로 이루어진 팀이라고 해도 모든 시합(試合)에 이긴다고 자신할 수는 없다.

game[게임] 시합

- 시도(試圖): (어떤 일을) 이루려고 꾀하거나, 시험삼아 하는 것.
- 단합(團合): 마음을 하나로 모아 뭉치는 것.
- 합심(合心): 마음을 한데 합하는 것.
- 융합(融合): 다른 종류의 것이 한 가지 상태로 결합하는 것.

헷갈리기 쉬운 한자

合(합할 합) ≒ 含(머금을 함)

試 (획순)			合 (획순)		
試	試	試	合	合	合

찰 축

蹴

足부 12획

공/구슬 구

球

玉(王)부 7획

2002년 월드컵 대회가 우리 나라에서 열리게 되어 국민들의 축구(蹴球)에 대한 관심이 아주 높아졌다.

soccer[싸커] 축구

- 구기(球技): 공을 사용하는 운동 경기. 야구 · 축구 · 배구 · 탁구 등.
- 강속구(强速球): 야구에서 투수가 던지는 매우 빠르고 강한 공.
- 천구(天球): 지구 위의 관측점을 중심으로, 모든 천체가 거기에 투영된다고 상정한, 반지름이 무한대인 가상 구면.

재미있는 한자

蹴은 足(발 족)과 就(이룰 취)를 합친 글자로 발로 이룬다, 즉 찬다는 뜻이 되었답니다.

口 𠯁 𠯈 𧾷 𧿒 跆 踪 踪 蹴 蹴			一 丁 王 王 玎 玎 玎 球 球 球		
蹴	蹴	蹴	球	球	球

물 수

水

水부 0획

헤엄칠 영

泳

水(氵)부 5획

갓난 아이를 물 속에 넣었을 때, 마치 수영(水泳)을 하려는 듯 발을 버둥거리는 것을 보고 놀랐다.

swimming[스위밍] 수영

- 수면(水面): 물의 표면. 물면.
- 분수(噴水): 물을 뿜어내도록 만든 설비. 또는, 그 물줄기.
- 영법(泳法): 수영하는 방법.
- 유영(游泳): 물 속에서 헤엄치며 노는 것.

여러 가지 영법

평영(平泳) · 접영(蝶泳) · 배영(背泳)

亅 刁 水 水			丶 丶 氵 氵 氵 泂 泳 泳		
水	水	水	泳	泳	泳

연습문제

❶ 다음 한자의 훈과 음을 (　　　) 안에 쓰세요.

育(　　　　　　)　　運(　　　　　　)

勝(　　　　　　)　　健(　　　　　　)

合(　　　　　　)　　體(　　　　　　)

❷ 짝지어진 한자어의 □에 똑같이 들어갈 한자를 보기에서 찾아 쓰세요.

보 기

育　合　水　勝　體　動

必□ ······ □敗　　□成 ······ 發□

自□ ······ 運□　　□泳 ······ 噴□

身□ ······ □操　　試□ ······ □心

❸ 다음 낱말 중에서 한자어가 틀린 것을 모두 찾아 ○하세요.

시합 – 試合　　운동 – 建動

건강 – 健康　　승리 – 勝利

축구 – 蹴求　　수영 – 木泳

❹ (　　) 안에 알맞은 한자어를 쓰세요.

요사이는 건강(　　　)을 위해 운동(　　　)을 하는 사람들이 많다. 수영(　　　)과 축구(　　　)를 비롯한 갖가지 운동을 즐기고 있다.

개중에는 같은 운동을 하는 사람들이 모여 시합(　　　)을 갖기도 하는데, 승리(　　　)에 연연하지 않고 즐거운 마음으로 최선을 다하는 모습이 참으로 아름답다.

한자포인트

한자어로 된 구기(球技) 이름

- 농구(籠球): 상대방의 바스켓(바구니)에 공을 넣어 승부를 겨루는 경기.
- 배구(排球): 한가운데 네트를 치고 상대편 코트로 공을 쳐 넘기는 경기.
- 탁구(卓球): 탁자 모양의 대 위에 네트를 치고 라켓으로 셀룰로이드 공을 쳐 넘기는 경기.
- 야구(野球): 상대편 투수가 던진 공을 방망이로 치고 세 개의 루를 돌아 본루로 들어오는 경기.
- 송구(送球): 핸드볼. 공을 상대편 골에 던져 넣어 승부를 가리는 경기.
- 정구(庭球): 테니스. 한가운데 네트를 치고 라켓으로 공을 주고받는 경기.

籠(대그릇 농) / 排(밀칠 배) / 卓(탁자 탁) / 野(들 야) / 送(보낼 송) / 庭(뜰 정)

생각하는 만화
適期
뭐 하냐, 공부하지 않고.
공부도 다 때가 있는 거야. 적기가 있단 말이지.
슬금슬금
이 엄마 봐. 때 맞춰 열심히 공부해서 자랑스러운 너의 엄마가 되었잖니.
공부도 그렇지만, 놓치면 안 되는 때가 있는 것이 또 있어요.
그게 뭔데?
잘 들어 보세요.
쪼르륵~~
엄마, 때가 되었어요. 밥 좀 주세요, 네~! 배고파 죽겠어요.

適(갈 적) / 期(기약 기) → 놓쳐서는 곤란한 알맞은 때.

힘쓸 노 努 — 力부 5획

힘 력 力 — 力부 0획

성공에 이를 때까지 계속해서 최선의 노력(努力)을 기울여야 한다.

effort[에포오트] 노력

- 역작(力作): 힘을 기울여 짓는 일. 또는, 그러한 작품.
- 역사(力士): 뛰어나게 힘이 센 사람.
- 체력(體力): 몸의 작업 능력.
- 활력(活力): 생기 있는 기운. 또는, 왕성한 생활 의욕이나 기력.

재미있는 한자

努는 종(奴)처럼 힘들여(力) 일을 한다는 뜻입니다.

人 女 女 奴 奴 努 努			丁 力		
努	努	努	力	力	力

살 **활**

活

水(氵)부 6획

움직일 **동**

動

力부 9획

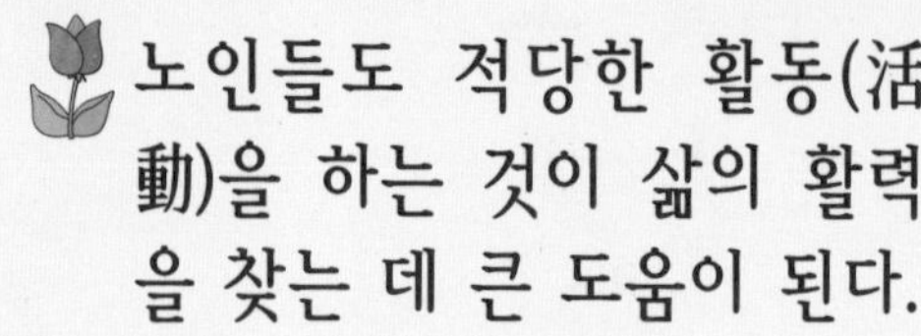

노인들도 적당한 활동(活動)을 하는 것이 삶의 활력을 찾는 데 큰 도움이 된다.

action[액션] 활동

- 활발(活潑): 생기 있고 힘차며 시원스러움.
- 자활(自活): 남에게 의지하지 않고 제 힘으로 살아가는 것.
- 변동(變動): 바뀌어 달라지는 것.
- 율동(律動): 주기적이고 규칙적이면서 조화롭게 이루어지는 움직임.

헷갈리기 쉬운 한자

活(살 활) ≒ 浩(넓을 호)

丶 冫 氵 氵 汇 汗 汘 活 活			一 二 台 台 旨 盲 重 重 動 動		
活	活	活	動	動	動

더울 **열**

熱

火(灬)부 11획

마음 **심**

心

心부 0획

영어 공부는 하루 아침에 잘 할 수 없고, 열심(熱心)히 노력해야만 성과를 얻을 수 있다.

fervor[퍼어버] 열심

- 열정(熱情): 열렬한 정열.
- 향학열(向學熱): 배우려는 열의.
- 심장(心臟): 혈액을 혈관 속에 밀어 내어 순환시키는 역할을 하는 우리 몸 속의 기관.
- 방심(放心): 긴장이 풀어져 조심하지 않거나 주의를 기울이지 않는 것.

헷갈리기 쉬운 한자

心(마음 심) ≒ 必(반드시 필)

土 ナ 圥 坴 坴 埶 埶 熱 熱 熱			丿 心 心 心		
熱	熱	熱	心	心	心

안 내

內

入부 2획

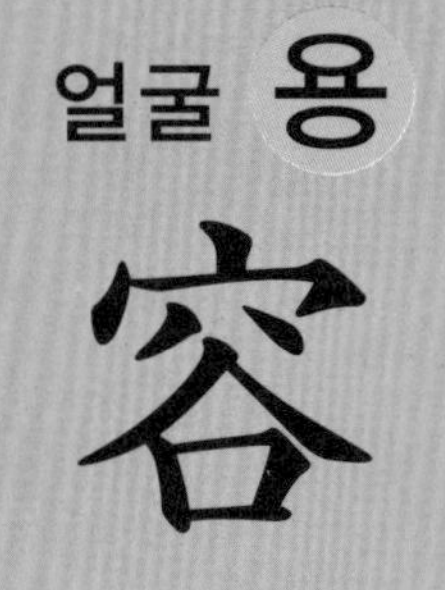

宀부 7획

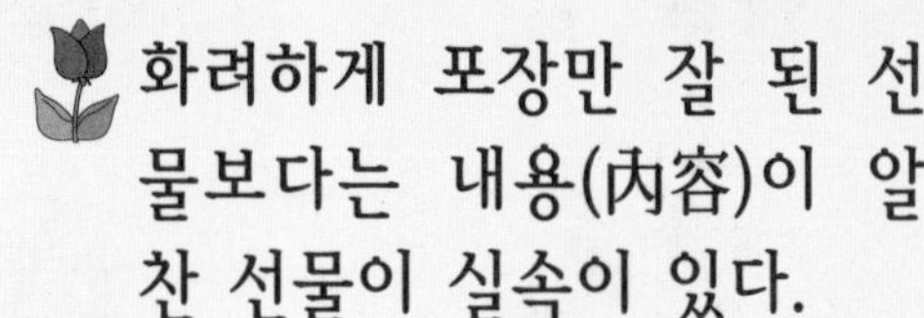

화려하게 포장만 잘 된 선물보다는 내용(內容)이 알찬 선물이 실속이 있다.

content[칸텐트] 내용

- 내부(內部) : 안쪽의 부분.
- 안내(案內): 사정을 잘 모르는 사람에게 알고자 하는 것을 알려 주는 것.
- 용량(容量): 용기 안에 들어갈 수 있는 분량.
- 용모(容貌): 얼굴 모습.

뜻이 같은 한자

容(얼굴 용) = 貌(얼굴 모) = 顔(얼굴 안)

丨 冂 内 內			丶 丷 宀 宂 宂 穸 宊 宊 容 容		
內	內	內	容	容	容

참을 인

忍

心부 3획

견딜 내

耐

而부 3획

'인내(忍耐)는 쓰다. 그러나 그 열매는 달다.'는 속담은 학생들에게 소중한 교훈을 준다.

patience[페이션스] 인내

- 인고(忍苦): 괴로움을 참고 견디는 것.
- 인종(忍從): 참고 견디어 복종함.
- 용인(容忍): 너그러운 마음으로 참는 것.
- 내열(耐熱): 높은 열에 견딤.
- 내핍(耐乏): 궁핍을 견디는 것.

재미있는 한자

忍은 刃(칼날 인)과 心(마음 심)을 합친 글자로 마음을 칼날로 베듯 다스린다는 뜻입니다.

忍 (획순)			耐 (획순)		
忍	忍	忍	耐	耐	耐

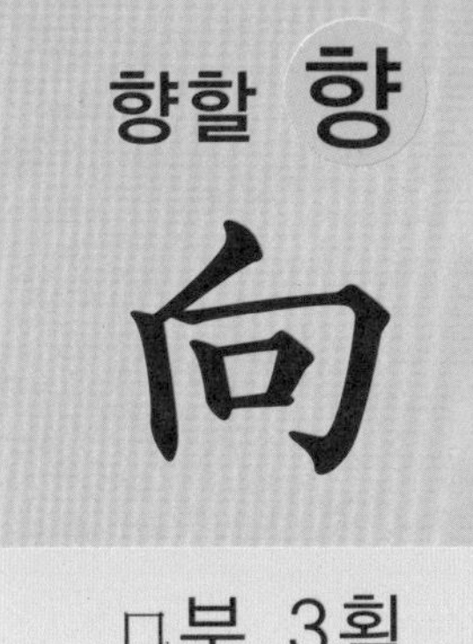

口부 3획

一부 2획

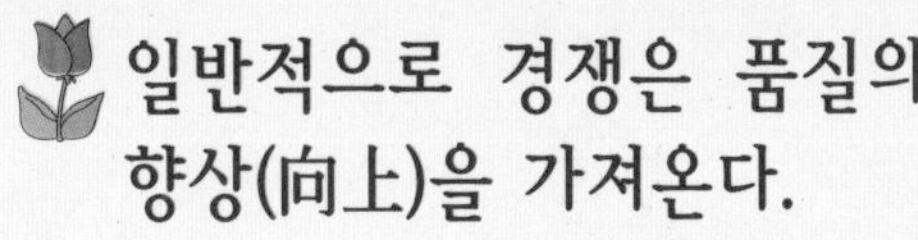

일반적으로 경쟁은 품질의 향상(向上)을 가져온다.

progress[프라그레스] 향상

- 향방(向方): 일정한 목표 지점을 향해 나아가고 있다는 방향 의식이나 감각.
- 방향(方向): 사람이나 사물 등이 향하거나 움직이는 쪽.
- 상하(上下): 위와 아래.
- 지상(地上): 지면이나 지표를 기준으로 하여 그 위.

뜻이 상대되는 한자어

向上(향상) ↔ 退步(퇴보)

′ 丨′ 冂 冋 向 向			丨 卜 上		
向	向	向	上	上	上

연습문제

1 다음 한자의 훈과 음을 (　　　) 안에 써 넣으세요.

向(　　　　　　)　　　　活(　　　　　　)

努(　　　　　　)　　　　内(　　　　　　)

容(　　　　　　)　　　　忍(　　　　　　)

2 각각의 뜻풀이에 알맞은 한자를 보기에서 찾아 쓰세요.

- ★ 참고 견디는 것 (　　　)
- ★ 수준 등이 높아지거나 나아지는 것 (　　　)
- ★ 몸을 활발하게 움직이면서 생활하는 것 (　　　)
- ★ 사물의 내면 · 내막 (　　　)
- ★ 어떤 일을 이루려고 어려움을 이겨 내며 애쓰거나 힘쓰는 것 (　　　)
- ★ 어떤 일에 깊이 마음을 기울이는 것 (　　　)

보 기

向上　　努力　　活動　　熱心　　内容　　忍耐

3 한자어가 잘못된 것을 모두 찾아 ○하세요.

내용 - 丙容　　　　향상 - 向下

노력 - 老力　　　　활동 - 活動

열심 - 熱必　　　　인내 - 忍耐

4 알맞은 한자끼리 줄로 이어 낱말을 만들어 보세요.

活 ★　　　　★ 耐

内 ★　　　　★ 動

忍 ★　　　　★ 容

인내(忍耐)와 관계된 한문 숙어

고진감래(苦盡甘來) : 쓴 것이 다하면 단 것이 온다는 뜻으로, 고생 끝에 낙이 옴을 일컫습니다.

苦(쓸 고) / 盡(다할 진) / 甘(달 감) / 來(올 래)

칠전팔기(七顚八起) : 일곱 번 넘어지고 여덟 번 일어난다는 뜻으로, 여러 번 실패하여도 낙심하지 않고 꾸준히 노력함을 일컫습니다.

七(일곱 칠) / 顚(넘어질 전) / 八(여덟 팔) / 起(일어날 기)

대기만성(大器晩成) : 큰 솥이나 종, 그릇 등은 만드는 데 오랜 시간이 걸리듯이, 큰 인물은 보통 사람보다 늦게 빛을 본다는 뜻입니다.

大(큰 대) / 器(그릇 기) / 晩(늦을 만) / 成(이룰 성)

생각하는 만화

不完全

不(아니 불) / 完(마칠 완) / 全(온전 전)

이름 **명**	마디 **절**
# 名	# 節
口부 3획	竹부 9획

옛날에는 한복이 일상 생활의 옷차림이었으나, 지금은 명절(名節)이나 행사 때에 주로 입는다.

national holiday[내셔널 할리데이] 명절

- 명사(名士): 훌륭하거나 어떤 일에 뛰어나 널리 이름난 사람.
- 인명(人名): 사람의 이름.
- 광복절(光復節): 우리 나라가 일본으로부터 해방된 날을 기념하는 국경일. 8월 15일.

헷갈리기 쉬운 한자

名(이름 명) ≒ 各(각각 각)

ノ ク タ タ 名 名			⺮ ⺮ 竺 竺 笞 笞 笞 管 節 節		
名	名	名	節	節	節

가을 추	저녁 석
秋	夕
禾부 4획	夕부 0획

우리 나라에서는 추석(秋夕)이면 으레 고향으로 돌아가는 민족 대이동이 이루어진다.

Korean Thanksgiving Day[커리이언 쌩스기빙 데이] 추석

- 중추(中秋): 음력 8월 보름.
- 추색(秋色): 가을의 자연 풍경에서 우러나는 빛. 추광(秋光). 가을빛.
- 석양(夕陽): 저녁때의 해. 또는, 그 햇빛.
- 조석(朝夕): 아침과 저녁.

뜻이 상대되는 한자

夕(저녁 석) ↔ 朝(아침 조)

一 二 千 干 禾 禾 秋 秋			ノ ク 夕		
秋	秋	秋	夕	夕	夕

바칠 **선**

膳

肉(月)부 12획

만물 **물**

物

牛부 4획

내 생일을 잊지 않고 선물(膳物)까지 보내 준 친구가 너무나 고맙다.

present[프레즌트] 선물

- 선사(膳賜): 남에게 물건을 주는 것.
- 물가(物價): 여러 상품이나 서비스의 종합적인 가격 수준.
- 물품(物品): 일정하게 쓰일 가치가 있는 물건.
- 사물(事物): 세계에 객관적으로 존재하는 일체의 물체와 현상.

다른 뜻과 음으로 쓰는 한자

膳은 饍(반찬 선)과 똑같은 훈과 음으로 쓰이기도 합니다.

月 肸 肸 肸 胖 胖 胖 胖 膳 膳			丿 𠂉 牛 牛 牜 牞 物 物		
膳	膳	膳	物	物	物

人부 0획

亅부 7획

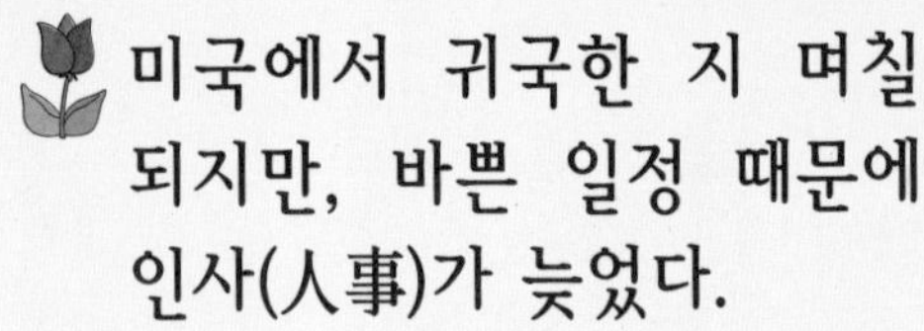

미국에서 귀국한 지 며칠 되지만, 바쁜 일정 때문에 인사(人事)가 늦었다.

greeting[그리이팅] 인사

- 인간(人間): 사회를 이루며 사는 지구상의 고등 동물.
- 주인(主人): 물건의 임자.
- 사건(事件): 세상 사람들의 관심을 집중시키는 어떤 일.
- 가사(家事): 살림을 꾸려 나가는 일.

헷갈리기 쉬운 한자

事(일 사) ≒ 吏(벼슬아치 리) ≒ 束(묶을 속)

丿 人			一 ㄱ 彐 彐 亊 亊 亊 事		
人	人	人	事	事	事

해 세

歲

止부 9획

절할 배

拜

手부 5획

할머니께 세배(歲拜)를 드리려고 밤차를 타고 고향에 내려갔다.

New Year's greetings[뉴우 이어즈 그리팅즈] 세배

- 세월(歲月): 해(年)나 달로 헤아릴 만한, 지나가는 시간.
- 천세(千歲): 천 년이나 되는 세월.
- 배알(拜謁): 어른을 만나 뵈는 것.
- 재배(再拜): 두 번 절하는 것. 또는, 그 절.

줄여서 쓰기도 하는 한자

歲는 복잡하므로 나이를 나타낼 때 속자 才로 쓰기도 합니다.

⺊ 𠂉 𣥂 产 产 岸 岸 歲 歲 歲			一 二 三 手 手 手 拜 拜 拜		
歲	歲	歲	拜	拜	拜

차 **차**

茶

艸(艹)부 6획

예절 **례**

禮

示부 13획

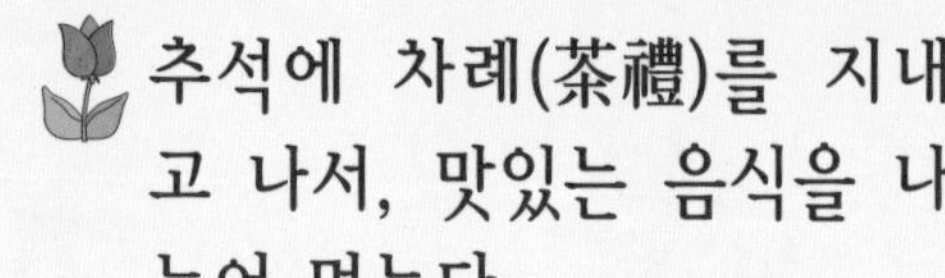

추석에 차례(茶禮)를 지내고 나서, 맛있는 음식을 나누어 먹는다.

memorial service[머모오리얼 써어비스] 차례

- 홍차(紅茶): 붉은 빛깔을 띠고 향기가 나는 차.
- 녹차(綠茶): 찻잎을 그대로 말려 뜨거운 물에 우려낸 물.
- 예의(禮儀): 사람이 가져야 할 공손한 태도와 말씨와 몸가짐.

두 개 이상의 음을 가진 한자

茶(차 차)는 차 다라고도 합니다

→ 다과(茶菓), 다방(茶房), 다도(茶道)

丨 十 卄 艹 艾 艾 苶 茶 茶			亍 示 示 礻 礻 禮 禮 禮 禮 禮		
茶	茶	茶	禮	禮	禮

연습문제

❶ 다음 한자의 훈과 음을 (　　) 안에 쓰세요.

夕(　　　　)　　物(　　　　)

茶(　　　　)　　節(　　　　)

名(　　　　)　　禮(　　　　)

❷ 짝지어진 한자어의 □에 똑같이 들어갈 한자를 보기에서 찾아 쓰세요.

보기

人　秋　名　物　歲　禮

膳□ …… □價　　□士 …… □節

□夕 …… 中□　　□拜 …… □月

□儀 …… 茶□　　主□ …… □事

❸ 각각의 뜻풀이에 알맞은 한자어를 보기에서 찾아 쓰세요.

- 우리 나라 명절의 하나. 한가위 (　　)
- 고마움이나 예의, 사랑 등의 표시로 주는 것 (　　)
- 섣달 그믐이나 새해 첫무렵에 웃어른에게 하는 절 (　　)
- 사람이 서로 만나거나 헤어질 때 안부를 묻는 것 (　　)
- 낮에 간단히 지내는 제사 (　　)
- 추석 · 설날 등 온 나라 사람들이 즐겁게 보내도록 계절에 따라 택하여 정해진 날을 두루 일컫는 말 (　　)

보기

人事　秋夕　名節　膳物　歲拜　茶禮

24절기(節氣)

봄	입춘(立春 2월 4,5일)	우수(雨水 2월 19,20일)	경칩(驚蟄 3월 5,6일)
	춘분(春分 3월 21,22일)	청명(淸明 4월 5,6일)	곡우(穀雨 4월 20,21일)
여름	입하(立夏 5월 6,7일)	소만(小滿 5월 21,22일)	망종(芒種 6월 6,7일)
	하지(夏至 6월 21,22일)	소서(小暑 7월 7,8일)	대서(大暑 7월 23,24일)
가을	입추(立秋 8월 8,9일)	처서(處暑 8월 23,24일)	백로(白露 9월 8,9일)
	추분(秋分 9월 23,24일)	한로(寒露 10월 8,9일)	상강(霜降 10월 23,24일)
겨울	입동(立冬 11월 7,8일)	소설(小雪 11월 22,23일)	대설(大雪 12월 7,8일)
	동지(冬至 12월 22,23일)	소한(小寒 1월 6,7일)	대한(大寒 1월 20,21일)

▲ 위의 날짜는 양력입니다.

생각하는 만화

肥料

나의 낮잠을 방해하지 말아요.

무슨 말씀. 요샌 떡잎이 부실해도 비료만 잘 주면 훌륭한 나무로 자란대요.

肥(살찔 비) / 料(헤아릴 료)

만물 물

物

牛부 4획

물건 건

件

人(亻)부 4획

옛날에는 모든 물건(物件)을 아껴 썼는데, 물건이 흔해진 지금은 함부로 버리는 것도 많다.

thing[씽] 물건

- 물가(物價): 물건의 값.
- 정물(靜物): 정지하여 움직이지 않는 물체.
- 건수(件數): 사건이나 사물의 가짓수.
- 용건(用件): 볼일.

뜻이 비슷한 한자어

物件(물건) = 物品(물품)

ノ ㅗ 牛 牜 牞 牣 物 物			ノ 亻 亻 仁 仁 件		
物	物	物	件	件	件

바 소	무거울 중	
所	重	친구와의 우정은 소중(所重)하게 지켜 나가야 한다.
戶부 4획	里부 2획	importance[임포오턴스] 소중

- 소행(所行): 해 놓은 일이나 짓.
- 요소(要所): 중요한 장소나 지점.
- 중창(重唱): 몇 사람이 각각 자기의 성부(聲部)를 맡아 노래하는 것.
- 귀중(貴重): 가치나 의의가 매우 커서 귀하고 중요함.

뜻이 비슷한 한자어

所重(소중) = 貴重(귀중)

´ 厂 F 戶 戶´ 所 所 所			一 二 千 吂 吂 盲 亘 車 重		
所	所	所	重	重	重

쌓을 **저**

貯

貝부 5획

艸(艹)부 10획

saving[쎄이빙] 저축

'티끌 모아 태산'이라는 말처럼 작은 돈도 꾸준히 저축(貯蓄)하면 큰돈이 된다.

- 저장(貯藏): 간수하여 두는 것.
- 축적(蓄積): 모아서 쌓는 것.
- 축재(蓄財): 재물을 모아 쌓는 것.
- 비축(備蓄): 만약의 경우에 대비하여 저축하여 두는 것.

뜻이 비슷한 한자어

貯蓄(저축) ＝ 貯金(저금)

貯	貯	貯	蓄	蓄	蓄

닦을 수

修

人(亻)부 8획

玉(王)부 7획

물건이 고장나면 곧장 버리지 말고 잘 수리(修理)해서 사용해야 한다.

repair[리페어] 수리

- 수선(修繕): 낡은 물건을 고치는 것.
- 보수(補修): 낡은 것을 문제가 없는 상태가 되도록 수리하는 것.
- 이치(理致): 사물의 정당한 조리. 또는, 도리에 맞는 취지.
- 처리(處理): (사무 · 사건 등을) 다스려 치르거나 마무르는 것.

뜻이 비슷한 한자어

修理(수리) ≡ 修繕(수선)

修	修	修	理	理	理

물댈 주

注

水(氵)부 5획

뜻 의

意

心부 9획

이 곳은 돌이 떨어질 위험이 있으니 주의(注意)하기 바란다.

attention[어텐션] 주의

- 주사(注射): 약액을 주사기에 넣어 조직이나 혈관 속에 직접 주입하는 일.
- 요주의(要注意): 주의가 필요함.
- 의견(意見): 어떤 사물에 대하여 마음에 일어난 생각.
- 유의(留意): 마음에 두는 것.

뜻이 비슷한 한자어

注意(주의) ＝ 留意(유의)

丶 冫 氵 氵 氵 汁 汴 注			亠 立 产 音 音 意		
注	注	注	意	意	意

물결 낭

浪

水(氵)부 7획

쓸 비

費

貝부 5획

물이 흔하다고 해서 마구 낭비(浪費)하다가는 언젠가 물 부족으로 큰 곤란을 겪을 것이다.

waste[웨이스트] 낭비

- 낭설(浪說): 터무니없는 헛소문.
- 방랑(放浪): 아무 계획도 없이 낯선 곳을 여기저기 떠돌아다니는 것.
- 비용(費用): 물건을 사거나 어떤 일을 하는 데 드는 돈.
- 경비(經費): 어떤 일을 경영하는 데 드는 비용.

뜻이 상대되는 한자어

浪費(낭비) ↔ 節約(절약)

丶 丶 氵 氵 氵 氵 氵 浪 浪 浪			一 ㄱ ㅋ 弗 弗 弗 弗 費 費 費		
浪	浪	浪	費	費	費

연습문제

❶ 다음 한자의 훈과 음을 (   ) 안에 쓰세요.

修(   )　　理(   )

意(   )　　注(   )

所(   )　　費(   )

❷ 짝지어진 한자어의 □ 에 똑같이 들어갈 한자를 보기에서 찾아 쓰세요.

보 기

重　蓄　意　物　修　費

貯□ ······ □積　　□用 ······ 浪□

□唱 ······ 所□　　注□ ······ 留□

□件 ······ 靜□　　補□ ······ □理

❸ 다음 뜻풀이에 알맞은 한자어를 보기에서 찾아 쓰세요.

- 헛되이 헤프게 쓰는 것 (   )
- 마음에 새겨 두고 조심하는 것 (   )
- 고장난 데를 손보아 고치는 것 (   )
- 소득 가운데서 쓰고 남은 부분을 따로 모아 두는 일 (   )

보 기

修理　浪費
貯蓄　注意

❹ 한자어가 잘못된 것을 모두 찾아 ○하세요.

내용 - 丙容　　향상 - 向下

노력 - 老力　　활동 - 活動

열심 - 熱必　　인내 - 忍耐

한자포인트

글방 친구들, 아씨방 친구들

문방사우(文房四友) : 글방 네 친구. 문방(서재 / 글방)에서 갖추어야 할 네 가지 물품인 紙(종이 지), 筆(붓 필), 墨(먹 묵), 硯(벼루 연)을 의인화하여 이르는 말입니다.

文(글월 문) / 房(방 방) / 四(넉 사) / 友(벗 우)

규중칠우(閨中七友) : 아씨방 일곱 친구. 규중(부녀자가 거처하는 방)에서 갖추어야 할 일곱 가지 물품인 바늘, 골무, 가위, 인두, 실, 다리미, 자를 의인화하여 이르는 말입니다.

閨(도장방 규) / 中(가운데 중) / 七(일곱 칠) / 友(벗 우)

생각하는 만화

男子

男(사내 남) / 子(아들 자)

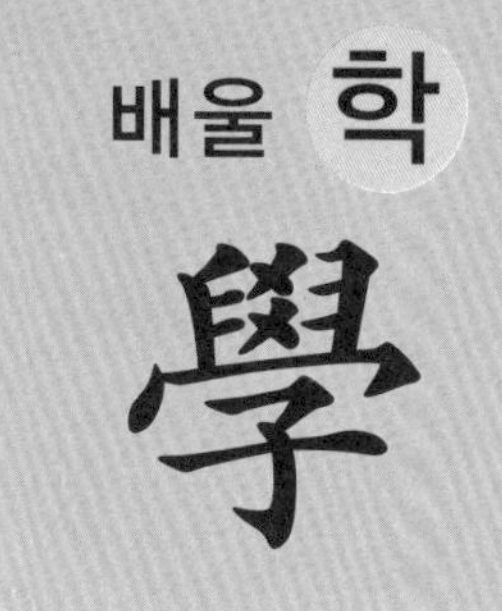

子부 13획

禾부 4획

학교에서 배우는 학과(學科) 중에는 아이들이 좋아하는 과목도 있고, 싫어하는 과목도 있다.

school subject[스쿠울 써브직트] 학과

- 학년(學年): 1년 간의 학습 과정 단위.
- 대학(大學): 고등 교육 기관의 하나. 대학교.
- 과목(科目): 교과를 잘게 나눈 영역.
- 문과(文科): 문학 · 예술을 포함한 인문 과학 · 사회 과학을 다루는 학문 분야.

뜻이 비슷한 한자어

學科(학과) = 教科(교과)

學 (필순)			科 (필순)		
學	學	學	科	科	科

나라 국	말씀 어
	語
口부 8획	言부 7획

한글날은 우리의 국어(國語)인 한글을 사랑하는 정신을 바탕으로 만들어진 기념일이다.

national language[내셔널 랭귀쥐] 국어

- 국립(國立): 국가에서 세워서 관리하고 운영하는 일.
- 이국(異國): 다른 나라.
- 어휘(語彙): 일정한 범위 안에서 쓰이는 낱말의 총체.
- 고어(古語): 옛말.

줄여서 쓰기도 하는 한자

國은 줄여서 国으로 쓰기도 합니다.

國	國	國	語	語	語

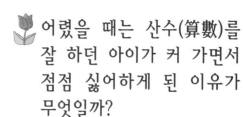

셀 산

算

셀 수

竹부 8획

攴(攵)부 11획

어렸을 때는 산수(算數)를 잘 하던 아이가 커 가면서 점점 싫어하게 된 이유가 무엇일까?

arithmetic[어리쓰머틱] 산수

- 산정(算定): 셈하여 정하는 것.
- 암산(暗算): 계산을 종이 등에 써서 하지 않고 머릿속으로 하는 것.
- 수량(數量): 헤아려서 숫자로 나타낸 사물의 수효나 양.
- 운수(運數): 인간의 능력을 초월하는 하늘이 정한 운명.

줄여서 쓰기도 하는 한자

數는 줄여서 数로 쓰기도 합니다.

丿 𠂉 ⺮ 竺 竹 筲 筲 筸 算 算			口 日 日 昌 𣍘 婁 婁 數 數 數		
算	算	算	數	數	數

소리 음

音

音부 0획

풍류 악

木부 11획

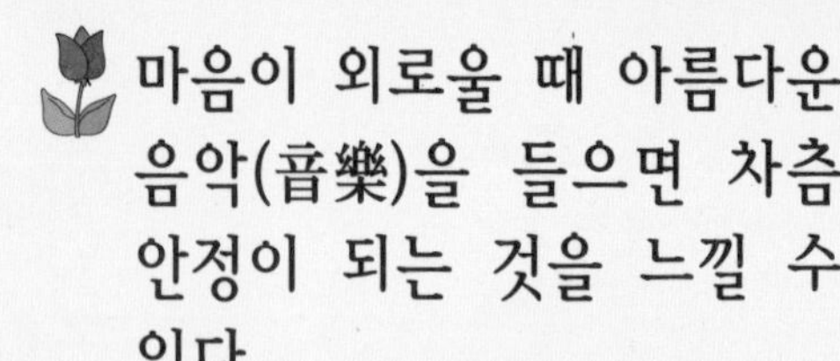

마음이 외로울 때 아름다운 음악(音樂)을 들으면 차츰 안정이 되는 것을 느낄 수 있다.

music[뮤우직] 음악

◆음정(音程): 두 음의 높이의 간격.

◆소음(騷音): 불규칙하게 뒤섞여 시끄럽게 들리는 소리.

◆악보(樂譜): 음악의 곡조를 일정한 기호를 써서 기록한 것.

◆기악(器樂): 악기를 써서 연주하는 음악.

다른 뜻과 음을 가진 한자

樂은 좋아할 요라고 하기도 합니다

→ 요산요수(樂山樂水 : 산과 물을 좋아하다)

音 (필순)			樂 (필순)		
音	音	音	樂	樂	樂

아름다울 미

美

羊부 3획

재주 술

術

行부 5획

나는 직접 그림을 그리기보다는 미술(美術) 작품을 감상하기를 더 좋아한다.

art[아아트] 미술

- 미인(美人): 용모가 아름다운 여자.
- 우미(優美): 우아하고 아름다움.
- 술수(術數): 길흉을 점치는 방법. 또는, 술책.
- 기술(技術): 어떤 것을 잘 만들거나 고치거나 다루는 뛰어난 능력.

헷갈리기 쉬운 한자

美(아름다울 미) ≒ 姜(성 강)

丶 丷 䒑 ⺷ 羊 美 美 美 美			彳 彳 彳 衎 衎 術 術 術 術 術		
美	美	美	術	術	術

과목 **과**	배울 **학**	
科	學	과학(科學)의 발달은 인간의 생활을 한층 더 풍요롭게 만들어 주었다.
禾부 4획	子부 13획	science[싸이언스] 과학

- 과거(科擧): 옛날 중국과 우리 나라에서 관리를 뽑을 때 보던 시험.
- 이과(理科): 물리학 · 생물학 등의 자연 과학을 다루는 학문 분야.
- 학부모(學父母): 학생의 아버지와 어머니.
- 유학(留學): 외국에서 공부하는 것.

헷갈리기 쉬운 한자

科(과목 과) ≒ 料(헤아릴 료)

科	科	科	學	學	學

연습문제

① 다음 한자의 훈과 음을 (   ) 안에 쓰세요.

音(　　　　　)　　科(　　　　　)

樂(　　　　　)　　術(　　　　　)

語(　　　　　)　　數(　　　　　)

② 짝지어진 한자어의 □에 똑같이 들어갈 한자를 보기에서 찾아 쓰세요.

보기

樂　學　國　數　美　科

大□ ······ □科　　□語 ······ □立

□術 ······ □人　　器□ ······ 音□

分□ ······ 算□　　外□ ······ □學

③ 관계 있는 학과 이름을 보기에서 찾아 (   ) 안에 쓰세요.

보기

科學　美術

音樂　國語

* 읽기 · 듣기 · 쓰기 · 말하기 ······ ▶ (　　　　)
* 그림 · 조각 · 공예 · 건축 ······ ▶ (　　　　)
* 성악 · 작곡 · 기악 · 지휘 ······ ▶ (　　　　)
* 물리 · 생물 · 화학 · 지구 과학 ······ ▶ (　　　　)

④ 한자어가 잘못된 것을 모두 찾아 ○하세요.

국어 – 國詁　　학과 – 學料

산수 – 算數　　과학 – 科學

음악 – 音樂　　미술 – 失術

한자포인트

배움과 관계 있는 한문 숙어

주경야독(晝耕夜讀): 낮에는 일하고 밤에는 글을 읽는다는 뜻으로, 바쁜 틈을 타서 어렵게 공부함을 일컫는 말입니다.

晝(낮 주) / 耕(밭갈 경) / 夜(밤 야) / 讀(읽을 독)

형설지공(螢雪之功): 반딧불과 눈의 덕택이란 뜻으로 밤에 반딧불의 불빛과 눈빛에 의지하여 책을 읽는다, 즉 어려운 조건을 극복하고 열심히 공부하여 얻은 성과를 일컫는 말입니다.

螢(반딧불이 형) / 雪(눈 설) / 之(갈 지) / 功(공 공)

일취월장(日就月將): 학문이나 기술이 날로 달로 발전해 나아감을 뜻합니다.

日(날 일) / 就(나아갈 취) / 月(달 월) / 將(장수 장)

생각하는 만화 發明

發(필 발) / 明(밝을 명)

글월 **문**

文

文부 0획

화할 **화**

化

匕부 2획

결실의 계절인 가을에는 여러 가지 문화(文化) 행사가 특히 많다.

culture[컬취] 문화

- 문명(文明): 인류가 이룩한 물질적 · 기술적 · 사회 조직적인 발전.
- 고문(古文): 옛 글.
- 노화(老化): 기능이나 성질이 시간이 경과함에 따라 쇠약해지는 현상.
- 기화(氣化): 액체가 기체로 바뀌는 현상.

헷갈리기 쉬운 한자

文(글월 문) ≒ 交(사귈 교)

' 亠 ナ 文			ノ イ イ' 化		
文	文	文	化	化	化

번개 **전**	기운 **기**	
電	氣	환한 불빛 아래서 공부를 할 때마다 나는 전기(電氣)를 발명한 에디슨에게 감사한다.
雨부 5획	气부 6획	electricity[일렉트리써티] 전기

- 전선(電線): 전류가 흐르도록 하는 도체로서 쓰는 선.
- 정전(停電): 전기가 한때 중단되는 것.
- 기색(氣色): 희로애락 따위의 마음의 작용으로 나타나는 얼굴빛.
- 노기(怒氣): 노한 얼굴빛.

헷갈리기 쉬운 한자

電(번개 전) ≒ 雷(우레 뢰)

一 ⺈ 帀 雨 雨 雨 雨 雨 雷 電			丿 ⺈ 𠂉 气 气 気 氙 氣 氣 氣		
電	電	電	氣	氣	氣

필 **발**

發

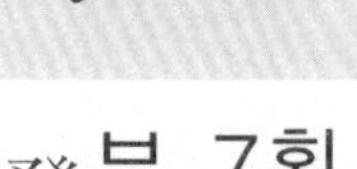

癶부 7획

펼 **전**

展

尸부 7획

내용을 먼저 이해해야지, 그렇게 달달 외우기만 하면 학습에 발전(發展)이 없다.

expansion[익스팬션] 발전

- 발휘(發揮): 떨쳐 드러내는 것.
- 출발(出發): 목적지를 향하여 나아가기 시작하는 것.
- 전시(展示): 일정한 곳에 벌여 놓아 일반 사람에게 보이는 것.
- 진전(進展): 더 높은 수준이나 더 나은 상태로 진행되는 것.

뜻이 비슷한 한자어

發展(발전) = 發達(발달)

㇇ ㇇ 癶 癶 癶 癶 癶 癶 發 發			㇕ ㇕ 尸 尸 屈 屈 屈 屈 屈 展		
發	發	發	展	展	展

나타날 **현**	이을 **대**
現	代
玉(王)부 7획	人(亻)부 3획

현대(現代) 문명은 과학 없이는 하루도 지탱되지 못할 정도로, 과학과 깊은 관련을 맺고 있다.

modern times[마더언 타임즈] 현대

- 현금(現金): 현재 가지고 있는 돈.
- 출현(出現): 나타나거나 나타나 보이는 것.
- 대신(代身): 남을 대리하는 것.
- 근대(近代): 지나간 지 얼마 되지 않은 시대.

헷갈리기 쉬운 한자

代(이을 대) ≒ 伐(칠 벌)

一 丅 干 王 玑 玑 玑 珇 玥 現			丿 亻 仁 代 代		
現	現	現	代	代	代

근원 **원**	처음 **시**
# 原	# 始
厂부 8획	女부 5획

만약 내가 원시(原始) 시대에 태어났더라면 어떤 놀이를 하고 놀았을까?

genesis[제니씨스] 원시

- 원고(原稿): 인쇄 또는 구두로 발표하기 위해 쓴 글. 초고.
- 원인(原因): 사물의 근본이 되는 까닭.
- 시초(始初): 맨 처음.
- 시조(始祖) 맨 처음의 조상.

음이 같고 뜻이 다른 한자

原(근원 원) ≒ 元(으뜸 원)

一 厂 厂 厂 戸 戸 盾 原 原 原			𠃊 女 女 女 女 好 始 始		
原	原	原	始	始	始

공변될 공

公

八부 2획

해칠 해

害

宀부 7획

남산에서 내려다보면 서울의 중심부는 짙은 공해(公害)로 인해 부옇게 흐려 보인다.

pollution[펄류션] 공해

- 공민(公民): 국가 사회의 일원으로서 독립 생활을 하는 자유민.
- 공정(公正): 사사롭지 않고 바르고 참된 상태에 있는 것.
- 해악(害惡): 해가 되는 나쁜 일.
- 유해(有害): 해가 있는 것.

헷갈리기 쉬운 한자

公(공변될 공) ≒ 分(나눌 분)

丿 八 公 公			丶 丷 宀 宀 宀 宀 宇 宇 害 害		
公	公	公	害	害	害

연습문제

❶ 다음 한자의 훈과 음을 (　　) 안에 쓰세요.

文(　　　　　)　　現(　　　　　)

化(　　　　　)　　氣(　　　　　)

原(　　　　　)　　公(　　　　　)

❷ 짝지어진 한자어의 □에 똑같이 들어갈 한자를 보기에서 찾아 쓰세요.

보기

文　電　發　代　始　害

停□ ········ □氣　　□化 ········ □明

出□ ········ □展　　公□ ········ □惡

□初 ········ 原□　　現□ ········ □身

❸ 다음 뜻풀이에 알맞은 한자어를 보기에서 찾아 쓰세요.

보기

發展　現代

原始　公害

- 지금의 이 시대 (　　)
- 자동차의 매연과 소음, 공장의 폐수, 쓰레기 등으로 자연 환경이 오염되는 재해 (　　)
- 보다 낫고 더 좋아지는 것 (　　)
- 자연 그대로의, 아직 개척되지 않은 상태 (　　)

❹ 한자어가 잘못된 것을 모두 찾아 ○하세요.

현대 － 現代　　문화 － 文花

전기 － 電氣　　원시 － 元始

발전 － 發前　　공해 － 公害

한자포인트

함흥 차사(咸興差使)의 유래

심부름 간 사람이 시간이 한참 지났는데도 오지 않거나 아무런 연락도 없을 때 '함흥 차사(咸興差使)' 라고 합니다.
고려를 멸망시키고 조선을 개국한 태조 이성계는 방원과 방간 등 아들들이 두 차례에 걸쳐 왕자의 난을 일으키자, 화가 난 나머지 왕위에서 물러나 함흥(咸興)으로 가서 소식을 끊어 버렸습니다.
태종 방원은 아버지의 노여움을 풀고자 잇달아 함흥으로 차사(差使 : 중요한 업무를 위하여 파견하던 임시 벼슬)를 보냈습니다. 그러나 이성계는 번번이 차사를 죽이거나 잡아 가두고 돌려 보내지 않았습니다. 여기서 함흥 차사란 말이 생겼답니다.

咸(모두 함) / 興(흥할 흥) / 差(어긋날 차) / 使(부릴 사)

생각하는 만화

火急

火(불 화) / 急(급할 급) → 매우 급함.

日부 9획

言부 13획

학급 회의(會議)가 너무 길어지자 지루해진 학생들은 하품을 하기 시작했다.

meeting[미이팅] 회의

- 회원(會員): 어떤 회를 구성하는 사람.
- 동창회(同窓會): 한 학교의 출신자가 서로의 친목 등을 위하여 조직한 단체.
- 의논(議論): 서로 의견을 주고받는 것.
- 의사당(議事堂): 의원이 집합하여 회의를 하기 위한 건물.

뜻이 비슷한 한자어

會議(회의) ＝ 討議(토의)

丿 𠆢 亼 今 佮 侖 侖 侖 僉 會			言 訁 訁 詳 詳 詳 諄 議 議 議		
會	會	會	議	議	議

책상 안	물건 건
案	件
木부 6획	人(亻)부 4획

오늘 회의는 중요한 안건(案件)이 없어서 일찌감치 끝났다.

matter[매터] 안건

- 안석(案席): 앉을 때 몸을 기대는 방석.
- 방안(方案): 일을 처리할 방법.
- 조건(條件): 어떠한 일을 진행되게 하거나 성립되게 하기 위하여 갖추어야만 할 요소.
- 사건(事件): 사회적으로 문제를 일으키는 일.

헷갈리기 쉬운 한자

件(물건 건) ≒ 伴(짝 반)

丶 丶丶 宀 安 安 安 安 案 案 案			丿 亻 亻 仁 仁 件		
案	案	案	件	件	件

던질 **투**	쪽지 **표**
投	票
手(扌)부 4획	示부 6획

어머니는 줄을 서서 기다리기가 싫으신지 아침 일찍 투표(投票)하러 가셨다.

vote[보우트] 투표

- 투창(投槍): 창던지기.
- 투옥(投獄): 옥에 가두는 것.
- 득표(得票): 찬성의 표를 얻는 것. 또는, 그 얻은 표의 수.
- 개표(開票): 투표함을 열고 투표 결과를 조사하는 것.

헷갈리기 쉬운 한자

投(던질 투) ≒ 抗(막을 항)

一 十 扌 扌 扌 投 投			一 𠆢 冖 襾 襾 覀 覀 票 票 票		
投	投	投	票	票	票

뜻 의

意

心부 9획

볼 견

見

見부 0획

대부분의 학생들이 이번 야외 견학에 대하여 반대 의견(意見)을 표시했다.

opinion[어피년] 의견

- 의식(意識): 알거나 깨닫거나 느끼는 것.
- 본의(本意): 본래의 의도나 생각.
- 견습(見習): 남이 하는 일을 실지로 보면서 익히는 것.
- 참견(參見): 남의 일이나 말에 끼여들어 이래라저래라 하는 것.

뜻이 비슷한 한자어

意見(의견) ≡ 意向(의향)

⼂ 亠 亠 立 产 音 音 音 意 意			丨 冂 冃 月 目 貝 見		
意	意	意	見	見	見

참여할 참

參

厶부 9획

자리 석

席

巾부 7획

 내 친구의 생일 파티에 꼭 참석(參席)하여 축하해 주기 바란다.

presence[프레전스] 참석

- 참고(參考): 살펴서 도움이 될 만한 재료로 삼는 것.
- 불참(不參): 참가하지 않거나 참석하지 않는 것.
- 좌석(座席): 앉는 자리.
- 결석(缺席): 마땅히 나와야 할 자리에 나오지 않는 것.

뜻이 비슷한 한자어

參席(참석) ≡ 參加(참가)

參			席		
參	參	參	席	席	席

결정할 결

決

水(氵)부 4획

정할 정

定

宀부 5획

아버지는 음악을 공부하겠다는 나의 결정(決定)을 존중해 주셨다.

decision[디씨전] 결정

- 결심(決心): 무엇을 하고자 마음을 굳게 다잡아 먹는 것.
- 미결(未決): 아직 결정되거나 해결되지 않음.
- 확정(確定): 일이 확실히 정해지는 것.
- 정기(定期): 일정하게 정해진 시기나 기한.

뜻이 상대되는 한자어

決定(결정) ↔ 未定(미정)

丶 冫 氵 氵 氵 決 決			丶 丷 宀 宀 宁 宇 宇 定		
決	決	決	定	定	定

연습문제

❶ 다음 한자의 훈과 음을 (　　) 안에 쓰세요.

見(　　　　　)　　決(　　　　　)

參(　　　　　)　　定(　　　　　)

投(　　　　　)　　票(　　　　　)

❷ 짝지어진 한자어의 □ 에 똑같이 들어갈 한자를 보기에서 찾아 쓰세요.

보 기

件　定　會　席　票　見

決□ …… 未□　　□議 …… □員

參□ …… 座□　　意□ …… 發□

開□ …… 投□　　案□ …… 事□

❸ 다음 (　　) 안에 알맞은 한자어를 보기에서 찾아 쓰세요.

보 기

決定　參席

案件　會議

投票　意見

우리 반 학생 전원이 참석(　　)한 가운데 학급 회의(　　)가 열렸다.

불우 이웃을 돕기 위한 방안이 회의의 안건(　　)이었다.

여러 의견(　　) 가운데서 투표(　　)를 통해 불우 이웃 돕기 성금을 걷기로 결정(　　)했다.

❹ 한자어가 잘못된 것을 모두 찾아 ○하세요.

결정 – 快定　　안건 – 安件

투표 – 投票　　의견 – 意員

한자포인트

모순(矛盾)의 유래

중국의 어떤 장사꾼이 방패를 들고 말했습니다.
“이 방패는 어떤 창으로도 뚫지 못하리만큼 튼튼합니다.”
이번에는 창을 꺼내더니 말했습니다.
“이 창은 어떤 방패든지 다 뚫을 수 있는 훌륭한 창입니다.”
그러자 아까부터 장사꾼의 이야기를 열심히 듣고 있던 한 노인이 말했습니다.
“당신의 그 창으로 당신의 그 방패를 찌르면 어떻게 되지요?”
장사꾼은 얼굴이 빨개져서 얼른 그 자리를 떠났습니다.
여기서 말이나 행동의 앞뒤가 맞지 않을 때 모순(矛盾)이라고 일컫게 되었답니다.

矛(창 모) / 盾(방패 순)

努(힘쓸 노) / 力(힘 력)

낳을 **산**

產

生부 6획

일 **업**

業

木부 9획

산업(產業) 재해를 예방하기 위해서는 안전 시설을 강화시켜야 한다.

industry[인더스트리] 산업

◆산유국(產油國): 원유를 생산하는 나라.

◆양산(量產): 물건을 대량으로 생산하는 것.

◆업종(業種): 영업이나 사업이나 산업의 종류.

◆실업(失業): 직장을 잃는 것.

헷갈리기 쉬운 한자

業(일 업) ≒ 叢(다 총)

' 亠 亣 产 产 产 产 产 産 產			业 业 业 业 业 业 业 丵 業 業		
產	產	產	業	業	業

열 개

開

門부 4획

필 발

發

癶부 7획

효능이 뛰어난 항생 물질이 개발(開發)됨에 따라 전염병이 크게 줄어들었다.

development[디벨러프먼트] 개발

◆개시(開始): 처음으로 시작하는 것.
◆만개(滿開): 꽃이 활짝 피는 것.
◆발명(發明): 머리를 쓰거나 연구하여 처음으로 만들어 내는 것.
◆남발(濫發): 함부로 널리 알리거나 발행하는 것.

뜻이 상대되는 한자

開(열 개) ↔ 閉(닫을 폐)

丨 𠃍 𠃎 門 門 門 門 開 開 開			癶 癶 癶 癶 癶 癶 發 發 發 發		
開	開	開	發	發	發

다툴 경

立부 15획

다툴 쟁

爪(爫)부 4획

선의의 경쟁(競爭)은 서로의 발전을 위해 필요하다고 본다.

contest[칸테스트] 경쟁

- 경주(競走): 사람 · 동물 · 차량 등이 달려 그 빠르기를 겨루는 일.
- 경마(競馬): 여러 명의 기수가 말을 타고 달리며 빠르기를 겨루는 경기.
- 전쟁(戰爭): 나라와 나라 사이의 다툼.
- 항쟁(抗爭): (적이나 불의한 세력에) 대항하여 싸우는 것.

뜻이 비슷한 한자어

競爭(경쟁) ≡ 競合(경합)

亠 亣 立 音 音 竟 竟 竸 竸 競			⺈ 𠂊 ⺈ 爫 爭 爭 爭 爭		
競	競	競	爭	爭	爭

人(亻)부 15획

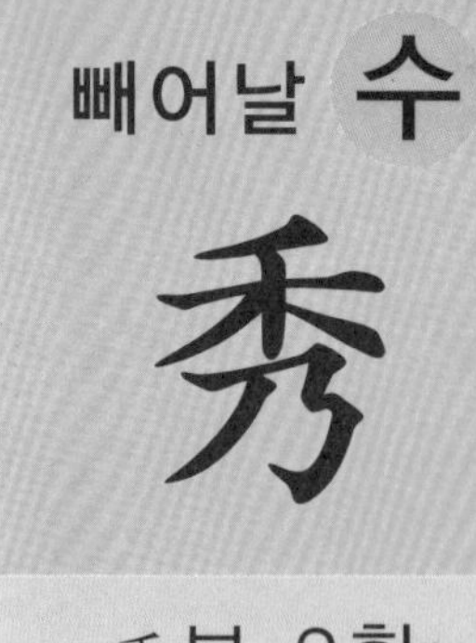

禾부 2획

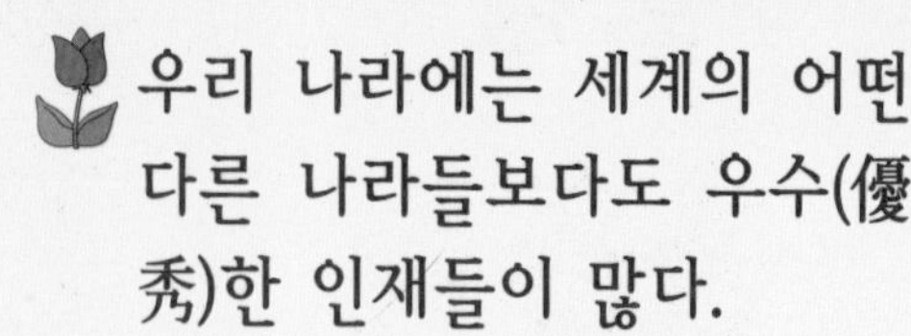

우리 나라에는 세계의 어떤 다른 나라들보다도 우수(優秀)한 인재들이 많다.

excellence[엑썰런스] 우수

- 우량(優良): 뛰어나게 좋은 것.
- 배우(俳優): 연극이나 영화에서 연기하는 사람.
- 수려(秀麗): 빼어나게 아름다움.
- 규수(閨秀): 남의 집 '처녀'를 정중하게 이르는 말.

헷갈리기 쉬운 한자

秀(빼어날 수) ≒ 季(끝 계)

亻 仜 仜 佰 佰 偪 偯 傷 優 優			一 二 千 禾 禾 秀 秀		
優	優	優	秀	秀	秀

기를 육	이룰 성
育	成
肉(月)부 4획	戈부 3획

그는 차츰 바른 어린이 육성(育成) 운동이 가장 중요한 일이라고 믿게 되었다.

rearing[리어링] 육성

- 육아(育兒): 어린아이를 기르는 것.
- 보육(保育): 어린아이를 돌보아 기르는 것.
- 성과(成果): 일이 이루어진 결과.
- 형성(形成): 어떤 모양으로 이루어지는 것.

뜻이 비슷한 한자어

育成(육성) = 養成(양성)

' 亠 ㄊ 云 产 育 育 育			丿 厂 厂 戊 成 成		
育	育	育	成	成	成

반드시 **필**

必

心부 1획

닦을 **수**

修

人(亻)부 8획

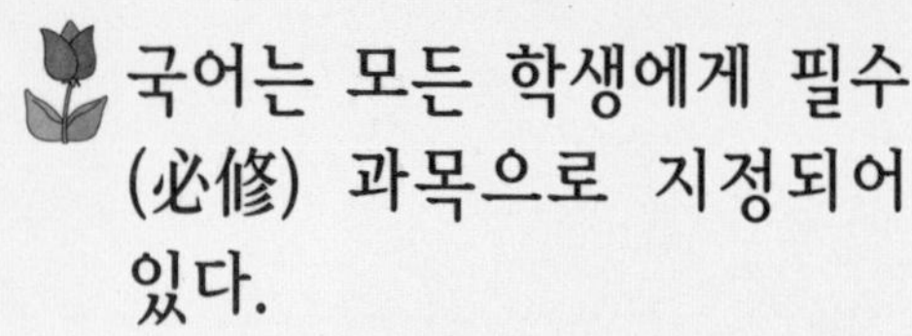

국어는 모든 학생에게 필수(必修) 과목으로 지정되어 있다.

essential[어쎈셜] 필수

- 필요(必要): 꼭 있어야 하거나 갖추어져야 하는 상태에 있는 것.
- 필납(必納): 반드시 납부하는 것.
- 수정(修正): 바로잡아 고치는 것.
- 연수(硏修): (학업 등을) 연구하고 닦는 것.

헷갈리기 쉬운 한자

必(반드시 필) ≒ 心(마음 심)

丶 丿 义 必 必			ノ 亻 亻 亻 亻 亻 亻 修 修 修		
必	必	必	修	修	修

연습문제

❶ 각각의 훈과 음에 알맞은 한자를 보기에서 찾아 쓰세요.

보 기
優 成 必
開 産 秀

이룰 성 (　　)　　반드시 필 (　　)
열 개 (　　)　　낳을 산 (　　)
빼어날 수 (　　)　　부드러울 우 (　　)

❷ 짝지어진 한자어의 □에 똑같이 들어갈 한자를 보기에서 찾아 쓰세요.

보 기
必 育 産 競 開 發

保□ …… □成　　□要 …… □修
□業 …… 生□　　□始 …… □發
□見 …… 出□　　□爭 …… □走

❸ 다음 뜻풀이에 알맞은 한자어를 보기에서 찾아 쓰세요.

보 기
開發 競爭
優秀 育成
産業 必修

★ 훌륭하여 뛰어남 (　　)
★ 가르쳐서 기르는 것 (　　)
★ 반드시 학습하여야 하는 것 (　　)
★ 개척하여 유용하게 만드는 것 (　　)
★ 서로 이기거나 앞서려고 다투는 것 (　　)

❹ 한자어가 잘못된 것을 모두 찾아 ○하세요.

필수 – 心修　　개발 – 問發
우수 – 優秀　　산업 – 産業
경쟁 – 競爭　　육성 – 肉成

한자포인트 홍일점(紅一點), 청일점(靑一點)

홍일점(紅一點)은 중국 북송의 문장가 왕안석의 시 가운데 한 구절인 '만록총중 홍일점(萬綠叢中紅一點, 푸른 잎 가운데 피어 있는 한 송이 붉은 꽃)' 에서 생겨난 말로, 여럿 가운데 오직 하나 이채를 띠는 것을 일컫습니다. 특히, 많은 남자들 틈에 낀 여자 하나를 가리킬 때 많이 씁니다.

반대로 많은 여자들 틈에 낀 남자를 가리킬 때는 청일점(靑一點)이라고 합니다. 요사이는 예전에 여학생들만 입학하던 간호학과, 가정학과 같은 대학의 학과에 남학생도 입학하여 청일점으로서 여학생들의 인기를 한몸에 받기도 합니다.

紅(붉을 홍) / 一(한 일) / 點(점 점) / 靑(푸를 청)

생각하는 만화 有備無患

有(있을 유) / 備(갖출 비) / 無(없을 무) / 患(근심 환)

바꿀 무

貿

貝부 5획

바꿀 역

易

日부 4획

무역(貿易)은 국가 간의 물자 교류를 통해 서로 돕고 산업을 발전시키는 구실을 한다.

trade[트레이드] 무역

- 교역(交易): (주로 나라들 사이에서) 물건을 사고 팔고 하여 서로 바꾸는 것.
- 역서(易書): 점에 관한 것을 기록한 책.
- 역지사지(易地思之): 처지를 바꾸어서 생각함.

또 다른 훈과 음을 가진 한자

易(바꿀 역)은 쉬울 이라고도 합니다 → 용이(容易)

貿	貿	貿	易	易	易

나를 수	날 출	좋은 물건을 많이 생산해 수출(輸出)을 늘려야 국가가 부강해진다.
輸	出	
車부 9획	凵부 3획	export[엑스포오트] 수출

- 수입(輸入): 돈 · 물품 따위를 거두어들이는 것.
- 공수(空輸): '항공 수송'의 준말.
- 출입(出入): 드나드는 일.
- 지출(支出): 어떤 목적을 위하여 금전을 지불하는 일.

뜻이 상대되는 한자어

輸出(수출) ↔ 輸入(수입)

一 冂 冃 亘 車 軡 軨 輪 輸 輸			丨 屮 屮 出 出		
輸	輸	輸	出	出	出

셀 **계**

計

言부 2획

셀 **산**

算

竹부 8획

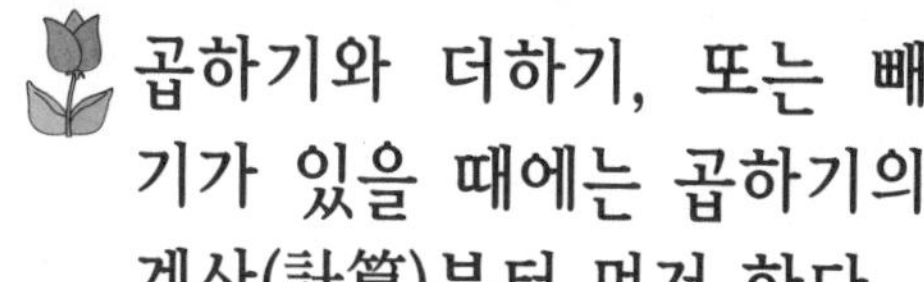

곱하기와 더하기, 또는 빼기가 있을 때에는 곱하기의 계산(計算)부터 먼저 한다.

counting[카운팅] 계산

◆계획(計劃): 앞으로 할 일을 미리 생각하여 정하는 것.
◆통계(統計): 어떤 자료나 정보를 분석·정리하여 수치를 산출해 내는 일.
◆산출(算出): 계산해 내는 것.

헷갈리기 쉬운 한자

計(셀 계) ≒ 討(칠 토)

一 二 三 亖 言 言 言 計 計			ノ 𠂉 𥫗 竺 笡 笡 筲 筲 算 算		
計	計	計	算	算	算

바깥 외

外

夕부 2획

나라 국

國

口부 8획

외국(外國) 사람이 길을 물을 때는 상냥한 미소와 함께 친절하게 안내해 줘야 한다.

foreign country[포오린 컨트리] 외국

- 외부(外部): 바깥쪽 부분.
- 해외(海外): '우리 나라 밖의 다른 나라'를 이르는 말.
- 국사(國史): 그 나라의 역사. 보통 '한국사'를 가리킴.
- 적국(敵國): 자기 나라와 맞서서 전쟁을 벌이고 있는 나라.

뜻이 비슷한 한자어

外國(외국) ≡ 他國(타국)

丿 ク 夕 夘 外			丨 冂 冋 冋 同 同 囗 或 國 國 國		
外	外	外	國	國	國

볼 관	빛 광
觀	光
見부 18획	儿부 4획

나는 부모님의 은혜에 보답하기 위해 이다음에 꼭 부모님께 효도 관광(觀光)을 시켜 드릴 생각이다.

sightseeing[싸이트씨이잉] 관광

- 관람(觀覽): 극장 · 박물관 · 경기장 등에 가서 구경하는 것.
- 참관(參觀): 참석하여 보는 것.
- 광명(光明): 희망이나 밝은 미래를 상징하는 말.
- 야광(夜光): 밤에 빛을 냄. 또는, 그러한 물건.

헷갈리기 쉬운 한자

觀(볼 관) ≒ 勸(권할 권)

觀 (필순)			光 (필순)		
觀	觀	觀	光	光	光

소개할 소	끼일 개	
紹	介	나는 친구에게 여자 친구를 소개(紹介)받았다.
糸부 5획	人부 2획	introduction[인트러덕션] 소개

◆개입(介入): (사람이나 기관 · 국가 등이 남의 일이나 직접 관계되지 않은 일에) 나서거나 끼여드는 것.

◆중개(仲介): 제삼자로서 당사자 사이에서서 일을 주선하는 것.

헷갈리기 쉬운 한자

紹(소개할 소) ≒ 細(가늘 세)

ㄥ 幺 幺 糸 糸 糸 紀 紹 紹 紹			ノ 人 介 介		
紹	紹	紹	介	介	介

연습문제

❶ 다음 한자의 훈과 음을 ( ) 안에 쓰세요.

外( ) 計( )

光( ) 貿( )

介( ) 觀( )

❷ 짝지어진 한자어의 □에 똑같이 들어갈 한자를 보기에서 찾아 쓰세요.

보기

介 出 計 光 外 易

□勤 …… 輸□

紹□ …… □入

交□ …… 貿□

觀□ …… □明

海□ …… □國

統□ …… □算

❸ 다음 뜻풀이에 알맞은 한자어를 보기에서 찾아 쓰세요.

* 서로 알고 지내도록 관계를 맺어 주는 것 ( )
* 국제 간에 상품을 사고 파는 경제적 활동 ( )
* 자기 나라의 영토 밖에 있는 다른 나라 ( )
* 국내의 상품과 기술 따위를 외국에 파는 것 ( )
* 답을 구하기 위해 덧셈 · 뺄셈 · 곱셈 · 나눗셈의 방식으로 셈하는 것 ( )
* 다른 지방이나 나라의 명승 고적과 풍속 등을 돌아다니며 구경하는 것 ( )

보기

貿易 觀光

外國 計算

紹介 輸出

한자포인트

우리 나라의 이모저모

국기(國旗, 나라를 상징하는 깃발) : 태극기(太極旗)

국가(國歌) : 나라를 상징하기 위해 만들어 정한 노래) : 애국가(愛國歌)

국화(國花, 나라 꽃) : 무궁화(無窮花)

국어(國語, 국민 대다수가 사용하는 언어) : 한글

국시(國是, 국민이 모두 지지하는 국가의 이념) : 자유 민주주의(自由民主主義)

국호(國號, 나라의 이름. 國名이라고도 함) : 대한민국(大韓民國) / KOREA

수도(首都, 한 나라의 중앙 정부가 있는 곳) : 서울

시조(始祖, 한 겨레의 가장 처음이 되는 조상) : 단군(檀君)

생각하는 만화

哲學的

哲(밝을 철) / 學(배울 학) / 的(과녁 적)

이룰 **성**

成

戈부 3획

공 **공**

功

力부 3획

'실패는 성공(成功)의 어머니'라는 말을 믿고 꾸준히 노력한 결과, 좋은 결실을 맺게 되었다.

success[썩쎄스] 성공

- 성장(成長): 자라서 점점 커지는 것.
- 작성(作成): 문서나 원고를 일정한 형식이나 틀에 맞추어 써서 만드는 것.
- 공적(功績): 어떤 사람이 이루어 놓은 훌륭한 일.
- 유공(有功): (일부 명사 앞에 쓰여) 공로가 있는 것.

뜻이 상대되는 한자어

成功(성공) ↔ 失敗(실패)

丿 厂 斤 成 成 成			一 丅 工 玎 功		
成	成	成	功	功	功

눈 목	과녁 적
目	的
目부 0획	白부 3획

내가 열심히 공부하는 이유는, 훌륭한 법관이 되어 어려운 이웃을 돕고 싶은 목적(目的) 때문이다.

purpose[퍼어퍼스] 목적

- 목표(目標): 사격 · 공격 등의 대상이 되는 사물.
- 반목(反目): 서로 못 사귀어 미워하는 것.
- 적중(的中): (쏘거나 던지거나 한 물체가 목표물에) 정확하게 맞는 것.
- 표적(標的): 쏘거나 던져서 맞히는 목표물.

뜻이 비슷한 한자어

目的(목적) ≡ 目標(목표)

丨 冂 冃 月 目			′ 亻 白 白 白 的 的 的		
目	目	目	的	的	的

비롯할 **창**

創

刀(刂)부 10획

지을 **조**

造

⻎부 7획

이렇게 아름다운 자연을 창조(創造)하신 창조주 앞에 저절로 겸손한 마음으로 머리를 숙이게 된다.

creation[크리에이션] 창조

◆창설(創設): 처음으로 베푸는 것.

◆독창(獨創): 혼자의 힘으로 새롭고 독특한 것을 처음 만들어 내는 것.

◆조성(造成): 인공적 · 인위적으로 이루어 만드는 것.

◆구조(構造): 사물의 부분들이 서로 결합하여 전체를 이루고 있는 짜임새.

뜻이 상대되는 한자어

創造(창조) ↔ 模倣(모방)

丿 𠆢 亼 今 今 刍 刍 倉 創 創			丿 𠂉 牛 牛 牛 告 告 告 告 造		
創	創	創	造	造	造

합할 **합**

合

口부 3획

木부 6획

이번 대학 입시에 꼭 합격(合格)하여, 하고 싶은 공부를 마음껏 하기 바란다.

passing[패싱] 합격

- 합숙(合宿): 여러 사람이 한 곳에 집단적으로 묵는 것.
- 기합(氣合): 비상한 힘을 내기 위한 정신과 힘의 집중.
- 격언(格言): 교훈이 될 만한 짧은 글.
- 인격(人格): 사람이 사람으로서 가지는 자격이나 품격.

뜻이 상대되는 한자어

合格(합격) ↔ 落榜(낙방)

ノ 人 亼 亽 合 合			一 十 才 木 木' 杦 柊 柊 格 格		
合	合	合	格	格	格

잃을 실

失

大부 2획

패할 패

敗

攴(攵)부 7획

실패(失敗)를 두려워하는 사람은 결코 큰 성공을 거두지 못한다.

failure[페일러] 실패

- 실의(失意): 뜻이나 의욕을 잃는 것.
- 과실(過失): 실수나 부주의 등으로 인한 잘못.
- 패인(敗因): 싸움 · 경쟁 · 경기 등에 진 원인.
- 연패(連敗): 싸울 때마다 연달아 패하는 것.

헷갈리기 쉬운 한자

失(잃을 실) ≒ 朱(붉을 주)

ノ 𠂉 ⺧ 牛 失			丨 冂 冃 目 目 貝 貝 貝 敗 敗		
失	失	失	敗	敗	敗

오를 승

昇

日부 4획

나아갈 진

進

辶부 8획

아버지께서 그토록 기다리시던 승진(昇進)을 하셔서 온 가족이 한마음으로 축하를 해 드렸다.

promotion[프러모우션] 승진

- 승강장(昇降場): 정거장의 차를 타고 내리는 곳.
- 승격(昇格): 어떤 표준으로 자격이 오르는 것.
- 진보(進步): 시간의 경과와 함께 사물의 정도가 차차 나아지는 것.
- 전진(前進): 앞으로 나아가는 것.

뜻이 상대되는 한자어

昇進(승진) ↔ 左遷(좌천)

丨 冂 日 日 旦 早 昇 昇			丿 亻 亻 仁 什 仹 佯 隹 進 進		
昇	昇	昇	進	進	進

연습문제

❶ 다음 한자의 훈과 음을 (　　) 안에 쓰세요.

目(　　　　　)　　進(　　　　　)

昇(　　　　　)　　的(　　　　　)

格(　　　　　)　　創(　　　　　)

❷ 다음 뜻풀이에 알맞은 한자어를 보기에서 찾아 쓰세요.

⋆ 어떤 일을 하는 동기나 이유 (　　)

⋆ 뜻한 대로 잘 이루어지는 것 (　　)

⋆ 새로운 것을 고안하여 만드는 것 (　　)

⋆ 뜻을 이루지 못하게 되는 것(　　)

보 기

失敗　目的

創造　成功

❸ 다음 낱말 중에서 한자어가 틀린 것을 모두 찾아 ○하세요.

목적 – 目的　　창조 – 創造

성공 – 成功　　실패 – 失敗

합격 – 合林　　승진 – 乘進

❹ 짝지어진 한자어의 □에 똑같이 들어갈 한자를 보기에서 찾아 쓰세요.

보 기

失　成　格　目　創　進

合□ …… □言　　作□ …… □功

□的 …… □標　　前□ …… 昇□

□造 …… 獨□　　□敗 …… 過□

한자포인트

등용문(登龍門)이 무엇일까요?

登(오를 등) / 龍(용 용) / 門(문 문). 용문에 오른다는 뜻입니다.
용문(龍門)은 중국 황허(黃河) 상류에 있는 협곡 이름으로 물살이 하도 빨라서 웬만한 물고기는 거슬러 올라갈 엄두도 내지 못할 정도입니다. 용문에 오르려다 실패한 물고기는 바위에 비늘이 찢어지고 상처를 입어 두 번 다시 오를 생각을 하지 못한다고 합니다. 그러나 거센 물살을 헤치고 용문에 오른 물고기는 용으로 변한다고 합니다.
여기에서, 입신 출세에 연결되는 어려운 관문이나 시험을 등용문(登龍門)이라 일컫게 되었답니다.

예 그 소설가는 작가의 등용문인 신춘 문예를 통해 소설가로 데뷔하였다.

생각하는 만화 四面楚歌

와장창
또 깼다,
도망가자!
이리 와!
딱 걸렸어, 딱~
에고, 사면초가네.
에이, 모르겠다.
아이고, 어머니!
이 불효자를 당장 내쫓아
주십시오, 흑흑~
내쫓아 줘?
헉
퍽
또 어디서 실컷
놀다 오려고? 공부해!
으윽

四(넉 사) / 面(낯 면) / 楚(나라 초) / 歌(노래 가)

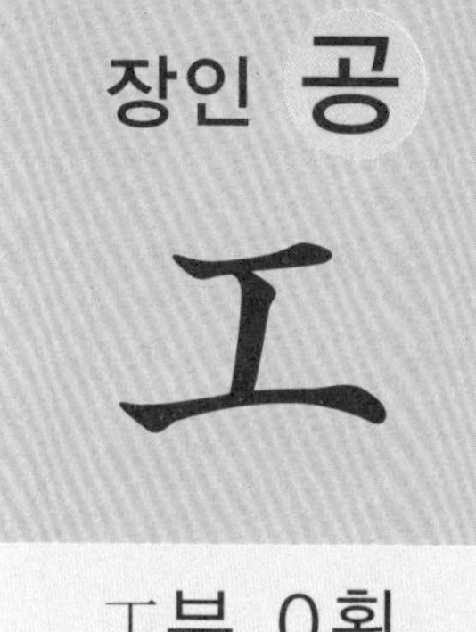

장인 공

工

工부 0획

남편 부

夫

大부 1획

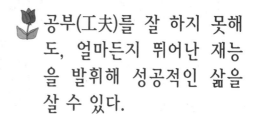

공부(工夫)를 잘 하지 못해도, 얼마든지 뛰어난 재능을 발휘해 성공적인 삶을 살 수 있다.

study[스터디] 공부

- 공사(工事): 토목 · 건축 등의 일.
- 준공(竣工): 공사를 다 마치는 것.
- 부창부수(夫唱婦隨): 남편이 주장하고 아내가 따르는 것이 부부 사이의 도리.
- 대장부(大丈夫): 건장하고 씩씩한 사내라는 뜻으로, '남자'를 이르는 말.

헷갈리기 쉬운 한자

夫(남편 부) ≒ 天(하늘 천)

一 丅 工			一 二 夫 夫		
工	工	工	夫	夫	夫

완전할 완	이룰 성
完	成
宀부 4획	戈부 3획

오랜 시간을 들여 정성껏 완성(完成)한 탑은 결코 쉽게 허물어지지 않는다.

completion[컴플리이션] 완성

- 완비(完備): 빠짐없이 완전히 갖추는 것.
- 미완성(未完成): 아직 완성하지 못함.
- 성분(成分): 물체를 이루는 바탕이 되는 원천.
- 달성(達成): (뜻한 바를) 노력하여 이루는 것.

뜻이 비슷한 한자어

完成(완성) ≡ 完決(완결)

丶 丷 宀 宀 宀 宁 完			丿 厂 厅 成 成 成		
完	完	完	成	成	成

바탕 **질**

質

貝부 8획

물을 **문**

問

口부 8획

잘 이해가 가지 않는 부분이 있으면, 꼭 질문(質問)을 해서 확인하는 태도가 필요하다.

question[퀘스천] 질문

◆질량(質量): 물체의 고유한 역학적 기본량. 관성 질량과 중력 질량이 있음.
◆체질(體質): 태어날 때부터 가지는 몸의 특질이나 상태.
◆문의(問議): 물어서 의논하는 일.
◆반문(反問): 상대방의 말을 되받아 묻는 것.

헷갈리기 쉬운 한자

問(물을 문) ≒ 間(사이 간)

厂 斤 斤 斦 斦 斦 質 質 質 質			丨 𠃍 戶 門 門 門 門 門 問 問		
質	質	質	問	問	問

정성 **성**

誠

言부 7획

宀부 11획

성실(誠實)하게 살아간다면 언젠가는 주위의 인정을 받을 날이 온다.

sincerity[씬쎄러티] 성실

- 성의(誠意): 어떤 일을 정성껏 하는 태도나 마음.
- 지성(至誠): 지극한 정성.
- 실제(實際): 현실의 경우나 형편.
- 현실(現實): 어떤 사람이 현재 처해 있는 상황.

뜻이 상대되는 한자어

誠實(성실) ↔ 懶怠(나태)

一 言 言 言 訁 訂 訢 試 誠 誠			丶 宀 宀 宀 宀 宀 审 實 實 實		
誠	誠	誠	實	實	實

익힐 연

練

糸부 9획

익힐 습

習

羽부 5획

그녀가 그렇게 발레를 잘 할 수 있었던 까닭은 피나는 연습(練習)에 있었다고 한다.

practice[프랙티스] 연습

- 연병장(練兵場): 군대를 훈련 · 연습시키는 곳.
- 연마(練磨): 갈고 닦음. 硏磨로도 씀.
- 습성(習性): 자기도 모르게 반복적으로 나타내는 일정한 행동.
- 보습(補習): 학습이 부족한 것을 보충하여 익히는 것.

신기한 한자

羽(깃 우) + 白(흰 백) → 習(익힐 습)

練	練	練	習	習	習

칠 토	의논할 론	
討	論	학급 회의에서는 자유로운 토론(討論)을 통해 학급의 일을 결정하고 있다.
言부 3획	言부 8획	discussion[디스커션] 토론

- 토벌(討伐): 무력으로 쳐 없애는 것.
- 성토(聲討): 여러 사람이 모여서 어떤 잘못을 논의하고 규탄하는 것.
- 논술(論述): 어떤 주장을 내세우거나 의견을 말함에 있어서, 논리적인 근거를 제시하면서 글을 전개하는 것.
- 변론(辯論): 옳고 그름을 따지는 것.

헷갈리기 쉬운 한자

討(칠 토) ≒ 計(셀 계)

討	討	討	論	論	論

연습문제

❶ 다음 한자의 훈과 음을 (　　) 안에 써 넣으세요.

問(　　　　　)　　　討(　　　　　)

實(　　　　　)　　　論(　　　　　)

工(　　　　　)　　　習(　　　　　)

❷ 각각의 뜻풀이에 알맞은 한자를 보기에서 찾아 쓰세요.

보 기

完成　工夫　質問　練習　誠實　討論

* 학문이나 기술 등을 배우고 익히는 것 (　　)
* 완전히 다 이루는 것 (　　)
* (학문 · 기예 따위를) 익숙하도록 익히는 것. ×× 문제 (　　)
* 대답해 주기를 바라고 묻는 것 (　　)
* 정성스럽고 참되어 거짓이 없는 것 (　　)
* 상대를 설득하거나 상대에게 정당함을 주장하며 논하는 것 (　　)

❸ 짝지어진 한자어의 □에 똑같이 들어갈 한자를 보기에서 찾아 쓰세요.

보 기

問　完　工　討　實　練

質□ …… 反□　　□成 …… □備

□夫 …… □事　　聲□ …… □論

誠□ …… 現□　　□磨 …… □習

말을 먹는다(食言)고?

말을 먹는다는 뜻의 식언(食言)은 거짓말을 일삼을 때 일컫는 말입니다.

食(먹을 · 밥 식) / 言(말씀 언)

중국 은나라의 탕왕은 하나라 걸왕의 폭정을 보다 못해 군사를 일으켰습니다. 이 때 탕왕은 백성들에게 이렇게 말했습니다.

"공을 세운 사람에게는 큰 상을 내릴 것이니 내 말을 의심하지 마시오. 나는 내 입으로 한 말을 다시 삼키지 않습니다."

여기서 말을 삼키지(먹지) 않겠다는 말은 한번 한 말을 다르게 바꾸지 않겠다는 뜻입니다. 즉, 거짓말을 하지 않겠다는 말입니다.

생각하는 만화

比較

우리 집 남편은 옆집 사장보다…. 중얼중얼~

엄마~

왜 그러니, 아들?

옆집 사는 사장님과 아빠를 비교하지 마세요. 아빠가 기분 나쁘시잖아요.

오~ 효자 나왔네.

또 옆집 승겸이와 저도 비교하지 마세요. 기분 나쁘다고요.

그래, 그렇겠다. 그 앤 우등생이지?

대를 이어 저도 기분 나쁘다니까요.

比(견줄 비) / 較(견줄 교)

잃을 실	바랄 망
失	望
大부 2획	月부 7획

한 번 실패했다고 실망(失望)하고 주저앉지 말고, 다시 도전하는 굳센 정신이 필요하다.

despair[디스페어] 실망

◆실추(失墜): (명예나 위신을) 떨어뜨리거나 잃는 것.

◆실수(失手): 부주의로 잘못을 저지르는 것.

◆망루(望樓): 망을 보는 높은 대.

◆소망(所望): 간절히 바라는 바. 또는, 그 바람.

뜻이 상대되는 한자어

失望(실망) ↔ 希望(희망)

ノ ㇒ 느 牛 失			望 (필순)		
失	失	失	望	望	望

돋울 도 挑 手(扌)부 6획	싸움 전 戰 戈부 12획	위험을 무릅쓰고 에베레스트 산에 도전(挑戰)하는 산악인들의 투지가 참으로 부럽다. challenge[챌린쥐] 도전

- 도발(挑發): 싸움을 걺.
- 전장(戰場): 싸움터.
- 전술(戰術): 싸움에 이기기 위한 술책.
- 전우(戰友): 공동의 적과 싸우는 우리 편 군. 또는, 군대에서 고락을 같이하는 동료.

헷갈리기 쉬운 한자

挑(돋울 도) ≒ 桃(복숭아나무 도)

一 扌 扌 扌 扎 扌 挑 挑 挑			口 吅 門 門 昌 冒 單 單 戰 戰		
挑	挑	挑	戰	戰	戰

견줄 비

比

比부 0획

견줄 교

較

車부 6획

남과 비교(比較)하며 끝없이 욕심을 부리는 사람은 참된 평화를 얻을 수 없다.

parallel[패럴렐] 비교

- 비견(比肩): 어깨를 나란히 하는 것.
- 대비(對比): 견주어 서로 비교하는 것.
- 일교차(日較差): 기온 · 습도 · 기압 따위의 하룻동안의 가장 높은 값과 가장 낮은 값의 차이.

헷갈리기 쉬운 한자

比(견줄 비) ≒ 此(이 차)

一 上 上' 比			一 亘 亘 車 車' 車' 較 較 較 較		
比	比	比	較	較	較

법도 준	갖출 비	
準	備	바닷물에 들어가기 전에는 준비(準備) 운동을 철저히 해야 한다.
水(氵)부 10획	人(亻)부 10획	preparation[프레퍼레이션] 준비

◆준용(準用): 준거하여 사용하는 것.
◆표준(標準): 사물의 정도 · 성격을 알기 위한 근거나 기준. 준거.
◆설비(設備): 어떤 목적에 필요한 건물 · 기물 · 장치 등을 갖추는 것.
◆비고(備考): 내용에 참고가 될 만한 사항을 보충하여 기입하는 일.

뜻이 비슷한 한자어

準備(준비) ≡ 對備(대비)

氵 汁 汁 汁 汁 汁 淮 淮 準 準			亻 仁 仁 仕 供 供 侓 俌 備 備		
準	準	準	備	備	備

갈 연

研

石부 6획

궁구할 구

究

穴부 2획

끊임없는 과학자들의 연구(研究)를 통해 과학은 놀라운 발달을 해 왔다.

research[리써어치] 연구

- 연수(研修): 필요한 지식이나 기능을 익히기 위해 특별한 공부를 하는 일.
- 연마(研磨): 갈고 닦는 일. 鍊磨로도 씀.
- 탐구(探究): 더듬어 찾아 구하는 것.
- 궁구(窮究): 깊이 파고들어 연구하는 것.

또 다른 뜻으로 쓰이는 한자

研(갈 연)은 硯(벼루 연)과 같은 뜻으로 쓰이기도 합니다.

一 丆 丆 石 石 石 矸 矸 研 研			' ' 宀 宀 穴 穵 究		
研	研	研	究	究	究

얼굴 용	용서할 서
容	恕
宀부 7획	心부 6획

스님께서는 나의 잘못을 너그럽게 용서(容恕)해 주셨다. 스님께 참으로 죄송스러웠다.

pardon[파아든] 용서

- 용모(容貌): 얼굴 모습.
- 용납(容納): (부정적인 것을) 그냥 받아들이거나 내버려 두는 것.
- 관용(寬容): 너그럽게 받아들이거나 용서하는 것.
- 서면(恕免): 죄나 허물을 용서하여 면하게 하는 것.

재미있는 한자

恕는 남(如 : 汝)을 나와 같이 보는 마음가짐(心)이란 뜻입니다.

丶 丷 宀 宂 穴 穵 宊 宊 容 容			𠆢 女 女 如 如 如 如 恕 恕 恕		
容	容	容	恕	恕	恕

연습문제

❶ 다음 한자의 훈과 음을 (　　) 안에 써 넣으세요.

研(　　　　　)　　望(　　　　　)

挑(　　　　　)　　準(　　　　　)

恕(　　　　　)　　究(　　　　　)

❷ 각각의 뜻풀이에 알맞은 한자를 보기에서 찾아 쓰세요.

- 앞으로 있을 일을 마련하거나 갖추는 것 (　　)
- 기대가 어그러져 마음이 좋지 않은 상태가 되는 것 (　　)
- 정면으로 맞서 싸움을 거는 것 (　　)
- 둘 이상의 것을 견주어 차이 등을 살피는 것 (　　)

보 기

失望　挑戰　比較　準備

❸ 한자어가 잘못된 것을 모두 찾아 ○하세요.

실망 – 失亡　　도전 – 刀戰

비교 – 此較　　준비 – 準備

용서 – 用恕　　연구 – 研究

❹ 짝지어진 한자어의 □에 똑같이 들어갈 한자를 보기에서 찾아 쓰세요.

보 기

比　究　容　備

研□ …… 探□　　內□ …… □恕

對□ …… □較　　準□ …… 設□

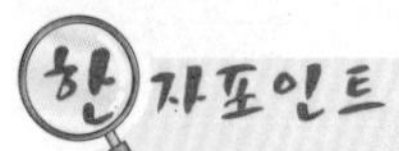

대들보 위의 군자 (梁上君子)

도둑을 점잖게 일컬어 양상 군자(梁上君子)라고 합니다.

梁(들보 양) / 上(위 상) / 君(임금 군) / 子(아들 자)

중국 후한 때 진식이라는 사람이 있었습니다. 어느 날 책을 읽고 있는데 도둑이 방으로 들어와 대들보 위로 올라갔습니다. 진식은 식구들을 불러 말했습니다.
"사람이 옳지 못한 행동을 하는 것은 그 사람의 본성이 나빠서가 아니고, 습관을 잘못 들여 그렇게 되는 법이다. 저기 대들보 위의 군자(梁上君子)도 그런 사람 중의 하나지."
이 말을 들은 도둑은 잘못을 뉘우치고 용서를 빌었답니다.

왜 그래요?
아이고, 허리야.

자동차세, 교육세, 재산세…. 내야 할 세금이 너무 많아.

엄마, 세금은 꼭 내야 하나요?

그럼, 꼭 내야지.

제 용돈도 아예 세금으로 생각하세요, 네?

울 엄마 맞아요?
툭하면 알밤을 주시고~

稅(거둘 세) / 金(쇠 금)

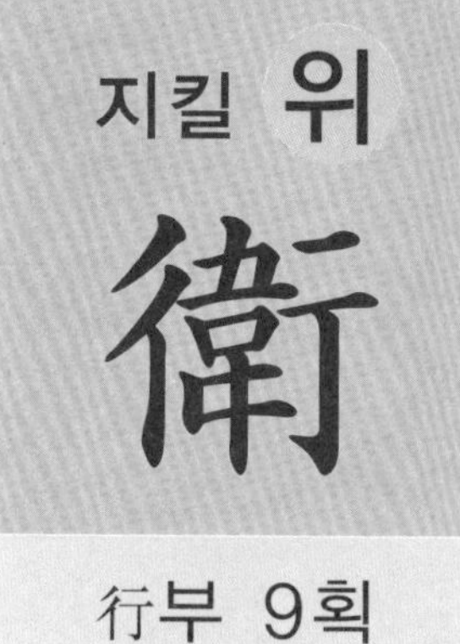

내 친구는 위생(衛生) 관념이 매우 투철하여, 외출했다 집에 돌아오면 우선 손부터 씻는다.

health[헬쓰] 건강

- 위병(衛兵): 경비하는 병사.
- 위성(衛星): 혹성의 둘레를 운행하는 별. 지구에 대한 달 따위.
- 호위(護衛): 따라다니며 보호하고 지키는 것. 또는, 그 사람.
- 생도(生徒): 학생. 사관 학교의 학생.

뜻이 같은 한자

衛(지킬 위) = 守(지킬 수)

ノ 彳 彳 彳 彳 彳 彳 彳 彳 衛			ノ 𠂉 仁 牛 生		
衛	衛	衛	生	生	生

머리감을 목

沐

水(氵)부 4획

목욕할 욕

浴

水(氵)부 7획

자주 목욕(沐浴)을 하여 몸을 청결하게 하는 것이 건강에 좋다.

bath[배쓰] 목욕

- 목욕탕(沐浴湯): 여러 사람이 목욕할 수 있도록 시설을 갖춘 집.
- 일광욕(日光浴): 온몸을 거의 드러내 놓고 눕거나 앉아서 햇빛을 쬐는 일.
- 해수욕(海水浴): 더위를 피해 바다에서 헤엄을 치거나 물놀이하며 노는 것.
- 욕조(浴槽): 목욕물을 받는 통.

헷갈리기 쉬운 한자

浴(목욕할 욕) ≒ 俗(풍속 속)

丶 冫 氵 汁 汁 沐 沐			丶 冫 氵 氵 氵 氵 浴 浴 浴 浴		
沐	沐	沐	浴	浴	浴

맑을 청

淸

水(氵)부 8획

쓸 소

掃

手(扌)부 8획

어릴 때부터 자기의 방을 깨끗이 청소(淸掃)하는 습관을 길러야 한다.

cleaning[클리이닝] 청소

- 청백리(淸白吏): 청렴하고 결백한 관리.
- 청아(淸雅): 맑고 기품이 있음.
- 소제(掃除): 쓸거나 닦거나 함으로써 더러운 것을 없애 깨끗이 하는 것.
- 소탕(掃蕩): 휩쓸어 죄다 없애 버리는 것.

뜻이 상대되는 한자

淸(맑을 청) ↔ 濁(흐릴 탁)

丶 氵 氵 汢 沣 洼 淸 淸 淸 淸			一 扌 扌 扫 扫 扫 掃 掃 掃 掃		
淸	淸	淸	掃	掃	掃

가장 **최**

最

日부 8획

높을 **고**

高

高부 0획

김치는 우리 나라의 음식 문화를 한껏 뽐낼 수 있는 최고(最高)의 음식이다.

maximum[맥서멈] 최고

- 최상(最上): 수준이나 등급이 맨 위인 상태.
- 최소(最小): 가장 작은 것.
- 고등(高等): 등급이 높은 것.
- 등고선(等高線): 지형의 높낮이나 경사의 완급을 지도에 나타내기 위하여 표고가 같은 지점을 나타낸 곡선.

뜻이 비슷한 한자어

最高(최고) ≡ 最上(최상)

最	最	最	高	高	高

사라질 **소**

消

水(氵)부 7획

독 **독**

毋부 4획

벌레들이 늘어나는 여름철이 되기 전에, 집안의 나무나 하수구 등에 소독(消毒)을 해 두는 것이 좋다.

disinfection[디신펙션] 소독

- 소화(消火): 불을 끄는 일.
- 독충(毒蟲): 몸이나 침 등에 독을 가진 벌레.
- 독사(毒蛇): 이빨로 물 때 독을 내뿜는 뱀의 총칭.
- 해독(害毒): 해와 독.

뜻이 상대되는 한자

毒(독 독) ↔ 藥(약 약)

消	消	消	毒	毒	毒

미리 **예**

豫

豕부 9획

막을 **방**

防

阜(阝)부 4획

깜박 잊고 감기 예방(豫防) 주사를 안 맞는 바람에 심한 감기로 무척 고생했다.

prevention[프리벤션] 예방

- 예상(豫想): 어떠한 일을 당하기 전에 미리 생각하는 것.
- 예정(豫定): 이제부터 할 일에 대하여 미리 정하여 두는 것.
- 방범(防犯): 범죄를 방지하는 것.
- 소방(消防): 화재를 방지하고 불난 것을 끄는 일.

뜻이 비슷한 한자어

豫防(예방) ≡ 防止(방지)

豫			防		
豫	豫	豫	防	防	防

연습문제

❶ 다음 한자의 훈과 음을 (　　) 안에 쓰세요.

消(　　　　　)　　衛(　　　　　)
豫(　　　　　)　　毒(　　　　　)
最(　　　　　)　　防(　　　　　)

❷ 짝지어진 한자어의 □에 똑같이 들어갈 한자를 보기에서 찾아 쓰세요.

보 기
高　浴　掃
毒　防　衛

沐□ …… □室　　□除 …… 淸□
豫□ …… □汜　　害□ …… 消□
□等 …… 最□　　□生 …… □星

❸ 각각의 뜻풀이에 가장 알맞은 한자어를 보기에서 찾아 쓰세요.

- 온몸을 씻는 일 (　　)
- 대상의 높이가 가장 높은 상태 (　　)
- 감염 예방을 위해 병원균을 죽이는 일 (　　)
- 미리 대처하여 막는 것 (　　)
- 건강에 유의하도록 조건을 갖추거나 대책을 세우는 것 (　　)

보 기
豫防　沐浴　最高
消毒　衛生

❹ 한자어가 잘못된 것을 모두 찾아 ○하세요.

청소 - 淸掃　　위생- 衛生　　소독 - 消毒
최고 - 最固　　목욕- 沐浴　　예방 - 豫放

한자포인트

뱀의 발(蛇足)

공연한 짓을 덧붙여 하다가 도리어 낭패를 보게 됨을 일컬어 사족(蛇足)이라고 합니다. 이 말은 화사첨족(畵蛇添足), 즉 뱀을 그리는 데 발을 덧붙였다는 말의 준말입니다.

畵(그림 화) / 蛇(뱀 사) / 添(더할 첨) / 足(발 족)

옛날 중국 어느 고장에서 뱀을 누가 빨리 그리는지 내기를 했습니다. 한 사람이 1등으로 뱀을 그리고 으스대었습니다. 그러자 옆사람이 말했습니다.
"요샌 뱀한테도 발이 생겼나요? 쓸데없는 짓을 해서 손해를 보게 되었군요."
제일 빨리 그렸다고 좋아한 사람은 결국 상을 받지 못하게 되었답니다.

생각하는 만화 萬愚節

萬(일만 만) / 愚(어리석을 우) / 節(마디 절)

사랑 애	나라 국
愛	國
心부 9획	口부 8획

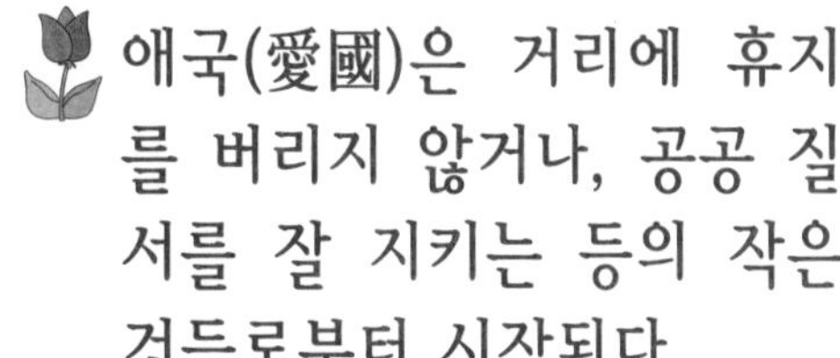
애국(愛國)은 거리에 휴지를 버리지 않거나, 공공 질서를 잘 지키는 등의 작은 것들로부터 시작된다.

patriotism[페이트리어티점] 애국

- 애창(愛唱): 시나 노래를 즐겨 부르는 것.
- 애정(愛情): 사랑하는 정이나 마음.
- 국군(國軍): 나라의 군대.
- 매국(賣國): 개인적인 이익을 위하여 나라의 주권이나 이권을 팔아먹는 것.

뜻이 상대되는 한자

愛(사랑 애) ↔ 憎(미워할 증)

愛	愛	愛	國	國	國

충성 충

心부 4획

정성 성

言부 7획

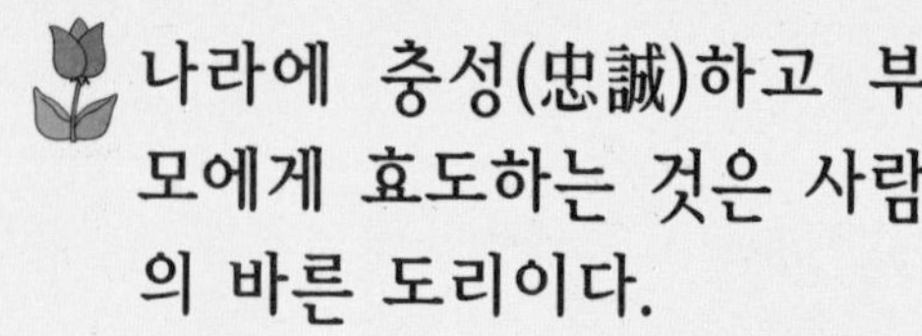

나라에 충성(忠誠)하고 부모에게 효도하는 것은 사람의 바른 도리이다.

loyalty[로이얼티] 충성

- 충신(忠臣): 임금에게 충성을 다하는 신하.
- 충언(忠言): 충고하는 말.
- 성심(誠心): 정성스러운 마음.
- 치성(致誠): 있는 정성을 다하는 것.

뜻이 상대되는 한자어

忠誠(충성) ↔ 反逆(반역)

丨 冂 口 中 中 忠 忠 忠			亠 亠 亠 言 訁 訂 訢 試 誠 誠		
忠	忠	忠	誠	誠	誠

아낄 **긍**	가질 **지**
矜	**持**
矛부 4획	手(扌)부 6획

비록 이민을 가서 타국에서 살더라도, 대한 민국 국민으로서의 긍지(矜持)를 잃어서는 안 된다.

pride[프라이드] 긍지

- 긍휼(矜恤): 가엾게 여겨서 돕는 것.
- 자긍심(自矜心): 자기 스스로 자랑하는 마음.
- 지속(持續): 어떤 상태가 끊이지 않고 계속되는 것.
- 지지(支持): 붙들어서 버티는 것.

헷갈리기 쉬운 한자

持(가질 지) ≒ 特(유다를 특)

矜 (stroke order)			持 (stroke order)		
矜	矜	矜	持	持	持

군사 군	대 대
軍	隊
車부 2획	阜(阝)부 9획

그분은 삼촌이 군대(軍隊)에 있을 때, 소대장님이셨다고 한다.

army[아아미] 군대

- 군가(軍歌): 군대의 사기를 북돋우기 위하여 부르는 노래.
- 공군(空軍): 공중에서의 전투를 주임무로 하는 군대.
- 대원(隊員): 대(隊)를 이루고 있는 사람.
- 부대(部隊): 군대의 조직 단위의 하나.

헷갈리기 쉬운 한자

隊(대 대) ≒ 墜(떨어질 추)

軍	軍	軍	隊	隊	隊

마루 종

宗

宀부 5획

가르칠 교

敎

攴(攵)부 7획

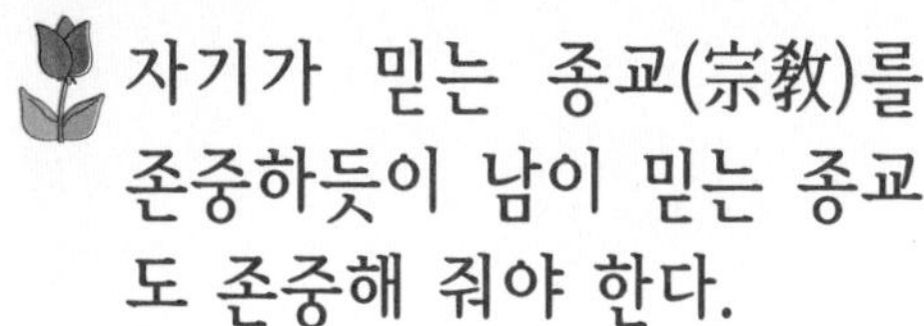

자기가 믿는 종교(宗敎)를 존중하듯이 남이 믿는 종교도 존중해 줘야 한다.

religion[릴리전] 종교

- 종가(宗家): 한 문중에서 맏이로만 이어 온 큰집.
- 개종(改宗): 종교를 다른 종교로 바꾸어 믿는 것.
- 교화(敎化): 가르치고 이끌어서 바르게 나아가게 하는 것.
- 불교(佛敎): 석가모니가 창시한 종교.

헷갈리기 쉬운 한자

宗(마루 종) ≒ 宋(송나라 송)

宗 (필순)			敎 (필순)		
宗	宗	宗	敎	敎	敎

믿을 신

信

人(亻)부 7획

우러를 앙

仰

人(亻)부 4획

어머니의 신앙(信仰)은 매우 깊으셔서, 자녀들을 위해 새벽 기도를 거르신 적이 없다.

faith[페이쓰] 신앙

- 신심(信心): 종교를 믿는 마음.
- 맹신(盲信): 옳고 그름을 가리지 않고 덮어놓고 믿는 것.
- 앙모(仰慕): 우러러 사모하는 것.
- 앙망(仰望): 우러러 바라는 것.

재미있는 한자

信은 사람(亻)의 말(言)은 마음 속 깊은 곳에서 나오는 것이므로 믿을 수 있다는 데서 생겨난 글자입니다.

ノ 亻 亻 亻 亻 亻 亻 信 信			ノ 亻 亻 亻 亻 仰		
信	信	信	仰	仰	仰

연습문제

❶ 한자어가 잘못된 것을 모두 찾아 ○하세요.

종교 – 宗校	충성 – 忠成
애국 – 愛國	긍지 – 矜持
신앙 – 信仰	군대 – 軍隊

❷ 각각의 뜻풀이에 알맞은 한자를 보기에서 찾아 쓰세요.

★ 자기 나라를 사랑하는 것 (　　　)

★ 참마음에서 우러나는 정성 (　　　)

★ 자신의 능력을 믿음으로써 가지는 자랑 (　　　)

★ 절대자를 믿고 따르며 교의를 받들어 지키는 일. 믿음 (　　　)

★ 일정한 규율과 질서 아래 조직된 군인의 집단 (　　　)

★ 신이나 초인간적인 존재를 인도자로 섬기고 예배하는 일. 또는, 그러한 믿음의 체계나 가르침. 크리스트교, 불교, 이슬람교 등 (　　　)

보 기

忠誠　愛國　宗敎　矜持　軍隊　信仰

❸ 다음 한자의 훈과 음을 (　　) 안에 써 넣으세요.

宗(　　　　)	軍(　　　　)
忠(　　　　)	敎(　　　　)
信(　　　　)	愛(　　　　)

❹ 알맞은 한자끼리 줄로 이어 낱말을 만들어 보세요.

軍 ★	★ 誠
宗 ★	★ 隊
忠 ★	★ 敎

서울은 왜 한자로 쓰지 못할까요?

우리 나라의 지명은 부산(釜山), 대구(大邱), 인천(仁川), 광주(光州), 대전(大田)과 같이 대부분 한자로 표기할 수 있습니다. 그러나 우리 나라의 수도 서울은 한자로 쓸 수 없습니다.
왜 그럴까요? 서울이란 말은 신라 시대 이래 도읍(都邑)을 뜻하는 말이었으나, 1945년 광복 이후 우리 나라 수도의 고유 명사로 사용하게 되었는데, 순수한 우리말이므로 한자로는 쓸 수 없답니다.
서울의 옛 이름으로는 한산(漢山), 양주(楊州), 한양(漢陽), 한성(漢城), 경성(京城) 등이 있습니다.

생각하는 만화

衣食住

누나.

왜?

의식주는 생활의 근본이라고 하잖아.

응.

근데 난 왜 그 중에서 유독 먹는 일에만 관심이 있을까?

내가 그 이유를 말해 줄까?

뭔데?

이리 와. 그 이유를 내가 가르쳐 주지.

불안 불안

이 곳에 사는 군식구 때문이야.

악~

이것 때문이구나.

아이고 아파…

衣(옷 의) / 食(밥 식) / 住(살 주)

새 신

新

斤부 9획

들을 문

聞

耳부 8획

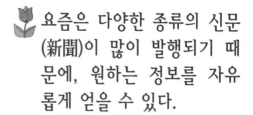

요즘은 다양한 종류의 신문(新聞)이 많이 발행되기 때문에, 원하는 정보를 자유롭게 얻을 수 있다.

newspaper[뉴우즈페이퍼] 신문

- ◆신부(新婦): 갓 결혼했거나, 결혼하는 여자.
- ◆신제품(新製品): 새로 만든 물건.
- ◆참신(斬新): 취향이 매우 새로움.
- ◆견문(見聞): 지적인 의식을 가지고 보고 듣는 것.

헷갈리기 쉬운 한자

新(새 신) ≒ 親(친할 친)

新 (필순)			聞 (필순)		
新	新	新	聞	聞	聞

소식 **편**

便

人(亻)부 7획

종이 **지**

紙

糸부 4획

합숙 훈련 때문에 당분간 집에 올 수 없다는 오빠의 편지(便紙)는 우리 가족을 섭섭하게 했다.

letter[레터] 편지

- 편승(便乘): 남이 타고 가는 차편을 얻어 타는 것.
- 남편(男便): 결혼하여 여자의 짝이 된 남자를 그 여자에 대하여 이르는 말.
- 지면(紙面): 종이의 표면. 또는, 기사나 글이 실린 종이의 면.
- 휴지(休紙): 허드레로 쓰는 종이.

또 다른 훈과 음을 가진 한자

便은 똥오줌 변이라고도 합니다
→ 便所(변소), 변기(便器)

丿 亻 亻 𠆤 佰 佰 佰 便 便			幺 幺 幺 糸 糸 糸 紅 紅 紙		
便	便	便	紙	紙	紙

편안할 안

安

宀부 3획

아닐 부

否

口부 4획

미국에서 테러가 일어나자, 어머니는 뉴욕에 사는 이모의 안부(安否)를 걱정하시느라고 밤잠을 설치셨다.

safety[쎄이프티] 안부

- 안정(安定): 안전하게 자리잡는 것.
- 안전(安全): 사고의 위험이 없는 상태.
- 안락(安樂): 몸과 마음이 편안하고 즐거움.
- 거부(拒否): 동의하지 않거나 반대하여 물리치는 것.

재미있는 한자

安은 여자(女)가 집(宀) 안에 있으면 편안하다는 뜻의 글자입니다.

丶 丶 宀 安 安 安			一 ア 不 不 不 否 否		
安	安	安	否	否	否

잎 **엽**

葉

艸(艹)부 9획

글 **서**

書

曰부 6획

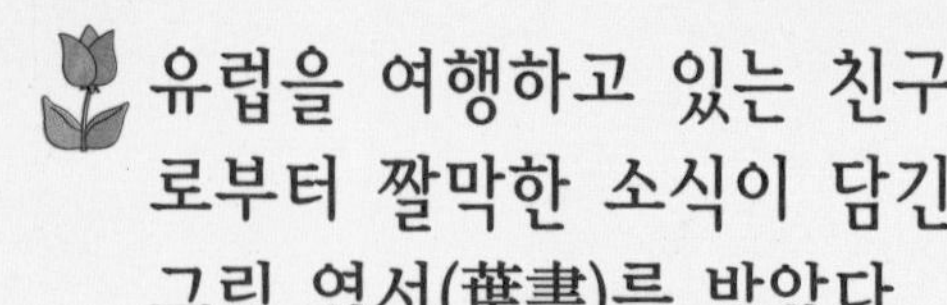

유럽을 여행하고 있는 친구로부터 짤막한 소식이 담긴 그림 엽서(葉書)를 받았다.

postcard[포우스트카아드] 엽서

- 엽록소(葉綠素): 엽록체에 함유된 녹색 색소.
- 낙엽(落葉): 나뭇가지에서 잎이 말라서 떨어지는 현상. 또는, 떨어진 잎.
- 서당(書堂): 글을 가르치는 곳.
- 독서(讀書): 책을 읽는 것.

헷갈리기 쉬운 한자

書(글 서) ≒ 晝(낮 주)

葉	葉	葉	書	書	書

처음 시	지을 작
始	作
女부 5획	人(亻)부 5획

우리 마을의 골목길 청소가 맨 처음 어느 집에서부터 시작(始作)되었는지는 분명하지 않다.

beginning[비기닝] 시작

- 시동(始動): 자동차 등이 처음으로 움직이는 것.
- 창시(創始): 처음 시작하는 것.
- 작곡(作曲): 음악상의 작품을 창작하는 일.
- 창작(創作): 새로운 것을 처음으로 만드는 것.

뜻이 상대되는 한자

始(처음 시) ↔ 終(끝날 종)

𠃋 女 女 女' 女ᅩ 始 始 始			ノ 亻 亻 仁 竹 作 作		
始	始	始	作	作	作

전할 전

傳

人(亻)부 11획

이를 달

達

辶부 9획

독자는 작가가 그 작품 속에서 전달(傳達)하고자 한 주제가 무엇인지를 잘 파악해야 한다.

transmission[트랜스미션] 전달

- 전통(傳統): 예로부터 이어져 내려오는 관습 · 태도.
- 유전(遺傳): 끼쳐 내려오는 것.
- 달인(達人): 널리 사물의 이치에 정통한 사람.
- 속달(速達): 속히 배달하는 것.

줄여서 쓰기도 하는 한자

傳(전할 전)은 줄여서 伝으로 쓰기도 합니다.

傳	傳	傳	達	達	達

연습문제

❶ 다음 낱말 중에서 한자가 틀린 것을 모두 찾아 ○하세요.

· 시작 –市作　· 편지–便紙　· 엽서–葉書
· 안부– 安否　· 전달–傳達　· 신문–新問

❷ 짝지어진 한자어의 □에 똑같이 들어갈 한자를 보기에서 찾아 써 넣으세요.

보 기

作　便　否　書　傳　新

拒□ ······ 安□　　□聞 ······ □婦
□紙 ······ 男□　　始□ ······ □曲
□統 ······ □達　　葉□ ······ 讀□

❸ 각 뜻풀이에 어울리는 한자어를 보기에서 찾아 (　　) 안에 쓰세요.

★ 탈 없이 편안하게 잘 지내는지 그렇지 않은지에 대한 소식 (　　　)
★ 전하여 이르게 하는 것 (　　　)
★ 사연을 전하기 위해 일정한 격식에 따라 글로 쓴 것 (　　　)
★ 우편 엽서나 그림 엽서의 준말. 봉투에 넣지 않은 채로 사용하는 제 2종 우편물임 (　　　)
★ (어떤 일이나 행동을) 처음으로 하거나 쉬었다가 다시 하는 것. 또는, 어떤 행동이나 현상의 처음 (　　　)

보 기

始作　便紙　安否　葉書　傳達

우리 나라의 주요 일간(日刊) 신문

조선 일보(朝鮮日報) : 朝(아침 조) / 鮮(고울 선) / 日(날 일) / 報(알릴 보)

동아 일보(東亞日報) : 東(동녘 동) / 亞(버금 아)

중앙 일보(中央日報) : 中(가운데 중) / 央(가운데 앙)

한국 일보(韓國日報) : 韓(나라 이름 한) / 國(나라 국)

문화 일보(文化日報) : 文(글월 문) / 化(화할 화)

국민 일보(國民日報) : 國(나라 국) / 民(백성 민)

경향 신문(京鄕新聞) : 京(서울 경) / 鄕(시골 향) / 新(새 신) / 聞(들을 문)

한겨레 신문(新聞)

생각하는 만화 家訓

家(집 가) / 訓(훈계 훈)

宀부 7획

八부 6획

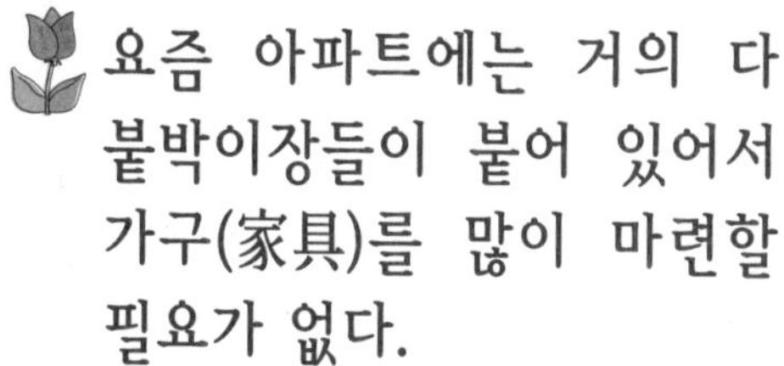

요즘 아파트에는 거의 다 붙박이장들이 붙어 있어서 가구(家具)를 많이 마련할 필요가 없다.

furniture[퍼어니춰] 가구

- 가계(家系): 한 집안의 계통.
- 생가(生家): 어떤 사람이 태어난 집.
- 구색(具色): 벌여 놓은 여러 가지 물건이 골고루 또는 빠짐없이 갖추어진 상태.
- 소도구(小道具): 무대 장치에 쓰이거나 배우가 연기할 때 이용하는 물건.

헷갈리기 쉬운 한자

具(갖출 구) ≒ 貝(조개 패)

家 (필순)			具 (필순)		
家	家	家	具	具	具

마당 장	바 소	
場	所	시골에는 우리 반 학생들이 다 뛰어놀 만큼 널따란 장소(場所)가 많았다.
土부 9획	戶부 4획	place[플레이스] 장소

◆장면(場面): 어떤 장소에서, 겉으로 드러난 면이나 벌어진 광경.

◆극장(劇場): 연극 · 무용 등의 무대 예술을 공연하는 건물이나 시설.

◆광장(廣場): 도시나 큰 건물 주위에 넓고 평평하게 만들어 놓은 장소.

◆초소(哨所): 보초가 서 있는 곳.

알아 두세요

불교에서, 불도를 닦는 곳을 뜻하는 道場은 도장이 아니고 도량이라고 읽습니다.

一 十 土 坦 坦 坦 坦 場 場 場			一 厂 戶 戶 戶 所 所 所		
場	場	場	所	所	所

있을 거

居

尸부 5획

방 실

室

宀부 6획

하루의 일과를 끝낸 가족이 거실(居室)에 함께 모여 오순도순 이야기꽃을 피운다.

living room[리빙 루움] 거실

- 거주(居住): 일정한 곳에 자리를 잡고 사는 일.
- 기거(起居): 일정한 곳에서 생활을 하는 것.
- 실외(室外): 방의 밖.
- 강의실(講義室): 대학이나 학원 등에서, 강의하는 데 쓰이는 방.

재미있는 한자

居는 대(臺) 위에 몸뚱이(尸)를 올려놓고 허리를 고정시켜 앉음을 뜻합니다.

ㄱ ㅋ 尸 尸 尸 尸 居 居			丶 丶 宀 宀 宀 宀 宀 室 室		
居	居	居	室	室	室

사람 인	모양 형
人	形
人부 0획	彡부 4획

남자 아이들은 로봇을 좋아하고, 여자 아이들은 인형(人形)을 가장 좋아한다고 한다.

doll[달] 인형

- 인정(人情): 남을 동정하는 따뜻한 마음.
- 은인(恩人): 은혜를 베푼 사람.
- 형상(形象): 물건의 생긴 모양.
- 상형(象形): 어떠한 물건의 형상을 본뜸.
- 형편(形便): 일이 되어 가는 상태.

헷갈리기 쉬운 한자

形(모양 형) ≒ 刑(형벌 형)

丿 人			一 二 于 开 开 形 形		
人	人	人	形	形	形

씻을 **세**

洗

水(氵)부 6획

씻을 **탁**

濯

水(氵)부 14획

환경 보호를 위해서 세탁(洗濯)을 할 때 되도록 세제를 조금만 써야 한다.

washing[와싱] 세탁

◆세수(洗手): 물을 손에 떠서 얼굴에 묻히면서 문지름으로써 얼굴을 씻는 것.

◆세례(洗禮): (크리스트교에서) 입교(入敎)하려는 사람에게 죄악을 씻는 표시로 베푸는 의식. 대부분 세례자가 세례받는 사람의 머리에 물을 묻힘.

◆탁족(濯足): 발을 씻음. 세속을 초탈함.

재미있는 한자 이름

이순신 장군의 업적을 기려 세운 세병관(洗兵館)이 있습니다. 洗兵은 병기(兵器)를 씻어서 거둔다는 뜻으로 전쟁을 그침을 이릅니다.

洗	洗	洗	濯	濯	濯

연습문제

❶ 다음 한자의 훈과 음을 (　　) 안에 쓰세요.

形(　　　　　)　　　居(　　　　　)

洗(　　　　　)　　　室(　　　　　)

所(　　　　　)　　　具(　　　　　)

❷ 짝지어진 한자어의 □에 똑같이 들어갈 한자를 보기에서 찾아 쓰세요.

보기
室　具　形　場　洗

家□ ······ 道□　　□外 ······ 居□

□濯 ······ □手　　象□ ······ 人□

□所 ······ 劇□

❸ 각각의 뜻풀이에 알맞은 한자어를 보기에서 찾아 쓰세요.

- 사람의 모습을 본떠 만든 물건 (　　)
- 일상 생활의 중심이 되는 방 (　　)
- 옷이나 피륙을 물과 세제 등을 이용하여 깨끗하게 하는 일 (　　)
- 일이 벌어지는 곳이나 자리 (　　)

보기
場所　人形
居室　洗濯

❹ 한자어가 잘못된 것을 모두 찾아 ○하세요.

인형 - 人形　　가구 - 家具　　세탁 - 先濯

장소 - 場所　　거실 - 居室